U0920055

智库 中社
国家智库报告 2016（50）
National Think Tank
社会 · 政法

# 省级地方立法研究报告

## ——地方立法双重功能的实现

刘小妹 著

INVESTIGATION REPORT ON PROVINCIAL-LEVEL LOCAL LEGISLATION: REALIZATION OF THE DUAL FUNCTION OF LOCAL LEGISLATION

中国社会科学出版社

**图书在版编目(CIP)数据**

省级地方立法研究报告：地方立法双重功能的实现／刘小妹著．—北京：中国社会科学出版社，2016.10
（国家智库报告）
ISBN 978－7－5161－9114－9

Ⅰ.①省…　Ⅱ.①刘…　Ⅲ.①地方法规—立法—研究报告—中国
Ⅳ.①D927

中国版本图书馆 CIP 数据核字（2016）第 253276 号

出 版 人　赵剑英
责任编辑　王　茵
特约编辑　王　琪
责任校对　季　静
责任印制　李寡寡

出　　版　中国社会科学出版社
社　　址　北京鼓楼西大街甲 158 号
邮　　编　100720
网　　址　http：//www.csspw.cn
发 行 部　010－84083685
门 市 部　010－84029450
经　　销　新华书店及其他书店

印刷装订　北京君升印刷有限公司
版　　次　2016 年 10 月第 1 版
印　　次　2016 年 10 月第 1 次印刷

开　　本　787×1092　1/16
印　　张　11.75
插　　页　2
字　　数　121 千字
定　　价　49.00 元

**摘要：**在“统一、分层次”的立法制度中，省级地方立法处于承上启下的关键环节，承担着实施国家法律和创制地方法规的双重功能。近些年来，省级地方立法在立法质量和立法数量上都取得了较大的发展，在国家和地方法治建设进程中发挥了重要的作用。报告将省级地方性法规分为实施性立法和自主性立法（含先行性立法）两类，采取点面结合、内外兼顾、数量与质量并重的方法和视角，既对地方立法内部的体制机制建设及其成效予以细致阐述，分析地方人大在提高立法质量方面的制度性创新与成效，同时又关注地方立法产生的外部结果，通过对5637件省级地方性法规的大数据分析，呈现省级地方立法的总体规律和特点，并重点对省级地方性法规实施国家法律的情况采取横向比较、纵向比较以及法律—地方性法规双向分析的方法，精确考察各省级地方主动制定实施国家法律细则的情况，及现行有效的253件法律被省级地方立法具体化、配套化的情况。最后，针对省级地方立法实践中存在的问题及薄弱之处，报告提出了加强省级地方立法的几点建议。

**关键词：**地方立法权　省级地方立法　实施性立法　自主性立法

**Abstract**: In the "unified hierarchical" Chinese legislative system, local legislation at provincial level is a key link that connects the legislation at higher and lower levels and performs the dual function of implementing state laws and enacting local regulations. In recent years, provincial-level legislation has gained major progresses in both the quantity and the quality of legislation and played an important role in the construction of the rule of law at both the national and the local levels. This report divides provincial-level legislation into two categories: implementary legislation and autonomous legislation (including precedent legislation) and, by adopting the methods and perspectives of linking work at selected spots with that in entire areas, giving consideration to both internal and external factors, and attaching equal importance to both quantity and quality, gives a detailed introduction to the construction of internal mechanisms of local legislation and analyzes the institutional innovations carried out by local people's congresses for the improvement of the quality of local legislation. Meanwhile, the report also pays close attention to the external results of local legislation. Through big data analysis of 5, 637 pieces of provincial-level local regulations, it reveals the macro-rules and characteristics of provincial-level local legislation and, through such methods as horizontal and vertical comparisons of the implementation of state laws by provincial-level local regulations and two-way analysis of the relationship between laws and local regulations, conducts an elaborate examination of the situation of adoption by provincial-level local people's congresses of detailed rules for the implementation of state laws and their practice of concretizing and providing support to 253 current state laws through the adoption of provincial-level local regulations. Finally, in light of the existing problems and weaknesses in practice, the report puts forward suggestions on improving and strengthening provincial-level local legislation.

**Key words**: local legislative power; dual function; provincial-level local legislation; implementary legislation; autonomous legislation

# 目　　录

# 引　言

在《宪法》《地方组织法》《立法法》确立的“统一、分层次”的立法制度中，省级人大及其常委会是唯一具有完整立法权的地方立法机关。省级地方立法在中央、省、市三级立法中，处于承上启下的关键环节，既承担着实施中央立法的任务，又要为地方的改革、发展和创新提供立法引领和保障，同时还要对报批的市级地方性法规进行合法性审查，可见，省级地方立法在维护社会主义法制的统一、推进中国特色社会主义法律体系的完善、推进地方和国家的法治建设方面都发挥着重要的作用。

本报告对省级地方人大立法的分析和研究，采取点面结合、内外兼顾、数量与质量并重的方法和视角。为了全面呈现省级地方立法的情况，报告既对地方立法内部的体制机制建设及其成效予以细致阐述，分析地方人大在提高立法质量方面的制度性创新与成效，同时又关注地方立法产生的外部结果，通过大数据揭示省级地方人大及其常委会立法数量上的基本状况。

为了解和分析省级地方立法的现状，特别是地方立法内部体制机制的建设情况，笔者与中国社会科学院重大国情调研项目“地方法治建设研究”课题组和“宁夏回族自治区宗教事务依法管理的状况研究”课题组成员共同赴广东省、江苏省、四川省、甘肃省、青海省、宁夏回族自治区、内蒙古自治区等地对省和市级的地方立法情况进行了深入调研，并选择广东省作为分析样本，对地方立法各个环节、各个程序的体制机制创新的实践与成效进行评述。本报告是“地方法治建设研究”及“宁夏回族自治区宗教事务依法管理的状况研究”课题组项目的阶段性研究成果。

为了客观、全面地呈现省级地方立法的数量和外部成效，报告依托中国人大网（www. npc. gov. cn）的中国法律法规信息库（law. npc. gov. cn），按照一定的搜索方法和数据选择标准，从4个直辖市、5个自治区、22个省的人民代表大会及其常务委员会的7145条地方立法数据中，筛选出5637件地方性法规（截至2016年8月15日）作为基础数据和分析对象。通过对5637件地方性法规采取横向比较、纵向比较以及法律—地方性法规双向分析的方法，全面呈现和分析了省级地方立法的总体情况。同时，也重点分析了省级地方实施性立法，在贯彻执行中央立法和引领、保障地方自主发展中的作用、现状及存在的问题。

最后，报告针对实地调研、地方性法规大数据分析以及学理研究中发现的问题、不足与困境，结合立法内部机制建设与立法质量提高、法律法规体系完善与立法数量增进的双重视角，从立法体制、立法工作机制、立法效果以及立法能力建设等多个方面提出了对策建议。

# 第一章　地方立法权概述

## 一　“统一、分层次”的立法制度

根据《宪法》《地方组织法》和《立法法》的规定，中央和地方国家机关分别享有不同的立法权限，制定具有不同法律效力的规范性法律文件，确定了“统一、分层次”的立法制度，其中，立法体制是一元的、立法权是多元的。[①]

① 杨景宇：《关于立法法和监督法的几个问题》，《北京人大》2013年第6期。

### （一）法制的统一

“统一、分层次”的立法制度，其中“统一”是指社会主义法制的统一。具体在中央立法与地方立法的关系上，“统一”是单一制国家结构形式的必然要求，是社会主义法制的一致性的体现，它要求地方立法不与国家宪法、法律和行政法规相抵触，下位阶的立法不与上位阶的立法相抵触。第一，立法要统一于宪法。现行《宪法》第五条也明确规定：“国家维护社会主义法制的统一和尊严。一切法律、行政法规和地方性法规都不得同宪法相抵触。”即宪法具有最高的法律效力，因此要坚持“依宪立法”，使每一项立法都符合宪法精神。[①] 第二，全国人大及其常委会是最高权力机关，也是最高立法机关，地方立法不能违背全国人大及其常委会的立法，地方性法规、自治条例和单行条例等地方立法需报全国人大常委会备案或批准后方可生效。[②] 第三，确立下位法

---

① 参见莫纪宏《依宪立法是依宪治国的出发点》，《检察日报》2015年1月26日。

② 戚渊：《论立法权》，中国法制出版社2002年版，第30页。

不得同上位法相抵触的原则，以此形成协调一致的法律效力等级体系。第四，只要地方依照法定的权限和程序，从国家整体利益出发来立法，社会主义法制的统一和尊严就能够得到维护。

特别要强调的是，“统一”不等于“集权”，立法的统一并不必然意味着国家立法权的集权化。相反，在民主集中制原则下，中央和地方立法权的划分，可以遵循在中央的统一领导下，充分发挥地方的主动性、积极性的原则，由中央和地方国家机关分别享有不同的立法权限，制定具有不同法律效力的规范性法律文件。

### （二）立法权的分层

“分层次”是指，在宪法之下，中央和地方、权力机关和行政机关、民族自治地方依法享有制定法律、行政法规、地方性法规、规章、自治条例和单行条例的权力，这些法律规范共同构成中国特色社会主义法律体系，是全面推进依法治国的基础和前提。

新中国成立以来，中央和地方的立法权划分历经了四个阶段。

第一个阶段是新中国成立至1954年宪法颁行前的分散立法模式。根据具有临时宪法性质的《中国人民政治协商会议共同纲领》，以及《中华人民共和国中央人民政府组织法》《大行政区人民政府委员会组织通则》《省、市、县人民政府组织通则》等法律的规定，县以上各级人民政府都享有立法职权，在其职权范围内对所辖行政区域内的部分或者全部事务依法行使立法职权来进行管理。可见，这一时期采取的是分散立法体制，从中央到地方的多级主体享有立法职权，立法权的行使呈现多极化、分散化的特点。新中国成立初期，百废待兴，分散立法的体制极大地提高了立法效率。据统计，从1950—1953年，中央立法共435件，年均立法109件。地方立法虽无全面的详细统计数字，但从浙江、内蒙古以及上海的立法情况可见一斑。浙江从1950—1953年，共制定暂行法令条例和单行法规653件，年均立法163件；内蒙古从1950—1954年，制定各种条例和规范性文件368件，年均立法73.5件；上海从1950—1954年9月，制定暂行法令条例和单行法规799件，年均立法159件。[①]

第二个阶段是从1954年宪法至1979年7月五届全国人大二次会议重新修订地方组织法前的集权化国家立法制度。1954年宪法是我国的第一部宪法，其第二十二条规定："全国人民代表大会是行使国家立法权的唯一机关。"按照1954年宪法的规定，国家立法制度的立法主体是一元的、唯一的。然而，随着社会主义建设和社会主义改造事业的进展，国家急需制定各项法律，以适应国家建设和国家工作的要求，在全国人大闭会期间，有些法律不可避免地急需全国人大常委会通过实施。为此，1955年第一届全国人大第二次会议通过《关于授权常务委员会制定单行法规的决议》，把享有国家立法权的范围扩大到了全国人大常委会。此后，1975年宪法和1978年宪法均删去了"全国人大是行使国家立法权的唯一机关"的规定。可见，这一时期实行的是立法的中央集权模式，适应的是高度集中的计划经济体制的需要。地方

① 李林：《新中国立法60年》，载《新中国法治建设与法学发展60年》，李林主编，社会科学文献出版社2010年版。

没有立法权，因此也不存在中央和地方立法权划分及分层次的问题。

第三个阶段是从 1979 年《地方组织法》至 1982 年现行宪法颁行前的省级地方立法探索阶段，初步形成了中央立法与省级地方立法并存的二元立法体制。1979 年以前，我国一直实行高度集中的管理体制，国家立法也不例外。实践中，作为宪法规定的唯一立法机构，全国人大在 25 年的时间里，只是一届人大期间开展过立法工作，从 1959 年起到 1966 年未立一法。1978 年 12 月，邓小平同志在党的十一届三中全会上发表了著名的《解放思想，实事求是，团结一致向前看》重要讲话，率先提出了地方立法的概念，他说："现在立法的工作量很大，人力很不够，因此法律条文开始可以粗一点，逐步完善。有的法规地方可以先试搞，然后经过总结提高，制定全国通行的法律。"①

1979 年 7 月五届全国人大二次会议重新修订了《地方各级人民代表大会和地方各级人民政府组织法》，第一

① 《邓小平文选》第 2 卷，人民出版社 1994 年版，第 147 页。

次明确规定“省、自治区、直辖市的人民代表大会根据本行政区域的具体情况和实际需要，在和国家宪法、法律、法规、政策、法令不抵触的前提下，可以制定和颁布地方性法规，并报全国人民代表大会常务委员会和国务院备案”，从而赋予了省、自治区、直辖市人大及其常委会制定地方性法规的权力。与此同时，为了尽快恢复社会主义法制，五届全国人大二次会议还通过了《关于修正〈中华人民共和国宪法〉若干规定的决议》，审议并通过了《全国人民代表大会和地方各级人民代表大会选举法》《人民法院组织法》《人民检察院组织法》《中华人民共和国刑法》《中华人民共和国刑事诉讼法》《中华人民共和国中外合资经营企业法》等重要法律。

1979 年的大规模立法，揭开了新时期法治建设的序幕，也引发了地方立法的新实践。为落实中共中央《关于坚决保证刑法、刑事诉讼法切实实施的指示》（中发〔1979〕64 号文件），推进五届全国人大二次会议通过的 7 部重要法律在地方的实施，履行《地方组织法》赋予的立法职权，从 1980 年开始，广东省、贵州省、新疆维吾尔自治区、山东省、辽宁省、广西壮族自治区、河南省、黑龙江省、北京市、吉林省、浙江省、江苏省、安徽省、内蒙古自治区、宁夏回族自治区、江西省、甘肃省、陕西省、天津市等省、自治区、直辖市的人大及其常委会先后开始制定地方性法规及大量的决议和决定，据统计，这一期间省级地方人大及其常委会共制定42件立法（含决议和决定），详情参见表1。

表1 省级地方人大及其常委会立法明细（1980—1982年）①

| | 名 称 | 日 期 | 名称 | 类别 |
|---|---|---|---|---|
| 1 | 广东省经济特区条例 | 1980年4月15日 | 条例 | 自主性立法 |
| 2 | 贵州省人民代表大会常务委员会关于实施刑事诉讼法规划问题的决议 | 1980年5月6日 | 决定和决议 | 实施性立法 |
| 3 | 新疆维吾尔自治区第五届人民代表大会常务委员会关于实施刑事诉讼法规划问题的决议 | 1980年6月13日 | 决定和决议 | 实施性立法 |
| 4 | 山东省排放有害污水收费规定（试行） | 1980年6月27日 | 规定 | 自主性立法 |
| 5 | 辽宁省人民代表大会常务委员会关于实施刑事诉讼法规划问题的决议 | 1980年7月10日 | 决定和决议 | 实施性立法 |
| 6 | 广西壮族自治区人民代表大会常务委员会关于县、市辖区、人民公社、镇人民代表大会代表建立代表小组的决定 | 1980年7月11日 | 决定和决议 | 实施性立法 |

① 数据来源为中国人大网（www. npc. gov. cn）主办的中国法律法规信息库（law. npc. gov. cn），该数据库在其简介中称“基本涵盖现行全部法律法规”。

续表

| | 名　称 | 日　期 | 名称 | 类别 |
|---|---|---|---|---|
| 7 | 河南省人民代表大会常务委员会关于刑事诉讼法实施问题的决议 | 1980年7月27日 | 决定和决议 | 实施性立法 |
| 8 | 黑龙江省物价管理暂行条例 | 1980年8月19日 | 条例 | 自主性立法 |
| 9 | 新疆维吾尔自治区人民代表大会常务委员会关于设立法制委员会的决定 | 1980年12月4日 | 决定和决议 | 实施性立法 |
| 10 | 北京市第七届人民代表大会常务委员会关于实施刑事诉讼法的决议 | 1980年12月11日 | 决定和决议 | 实施性立法 |
| 11 | 关于建立吉林省四方坨子人民检察院的决定 | 1980年12月21日 | 决定和决议 | 实施性立法 |
| 12 | 贵州省第五届人民代表大会常务委员会关于批准设置太慈桥、羊艾劳改、劳教单位所在区域人民检察院的决议 | 1981年2月21日 | 决定和决议 | 实施性立法 |
| 13 | 浙江省关于国家建设征用土地和农村社队建设用地管理办法（试行） | 1981年3月9日 | 办法 | 自主性立法 |
| 14 | 江苏省第五届人民代表大会常务委员会批准省人民政府委托各地区行政公署办理所辖县（市）人民政府组成人员任免工作的建议的决定 | 1981年3月20日 | 决定和决议 | 实施性立法 |
| 15 | 贵州省第五届人民代表大会常务委员会关于设立贵州省人民代表大会常务委员会法制委员会、民族委员会的决定 | 1981年5月2日 | 决定和决议 | 实施性立法 |
| 16 | 安徽省各级人民法院受理经济案件征收诉讼费用试行办法 | 1981年5月9日 | 办法 | 自主性立法 |
| 17 | 内蒙古自治区第五届人民代表大会常务委员会关于变通自治区人大常务委员会会期的决定 | 1981年5月31日 | 决定和决议 | 民族自治地方自治立法 |
| 18 | 宁夏回族自治区执行《中华人民共和国婚姻法》的补充规定 | 1981年6月15日 | 规定 | 实施性立法 |

续表

| | 名　称 | 日　期 | 名称 | 类别 |
|---|---|---|---|---|
| 19 | 吉林省人民政府关于国家行政机关工作人员奖惩暂行办法 | 1981 年 8 月 5 日 | 办法 | 实施性立法 |
| 20 | 吉林省人民政府关于加强物价管理若干问题的规定 | 1981 年 8 月 5 日 | 规定 | 自主性立法 |
| 21 | 江西省农副业船、渔船安全管理办法 | 1981 年 9 月 4 日 | 办法 | 自主性立法 |
| 22 | 新疆维吾尔自治区各级人民法院审理经济纠纷案件征收诉讼费试行办法 | 1981 年 9 月 5 日 | 办法 | 自主性立法 |
| 23 | 河南省人民代表大会常务委员会关于刑事案件办案期限和审批手续问题的决定 | 1981 年 10 月 10 日 | 决定和决议 | 实施性立法 |
| 24 | 甘肃省人民代表大会常务委员会关于批准设置林区人民检察院的决定 | 1981 年 10 月 24 日 | 决定和决议 | 实施性立法 |
| 25 | 辽宁省人民代表大会常务委员会关于省人民代表参加物价检查的决议 | 1981 年 12 月 23 日 | 决定和决议 | 实施性立法 |
| 26 | 辽宁省人民代表大会常务委员会关于在省属大型劳改、劳教场所设置人民检察院的决议 | 1981 年 12 月 23 日 | 决定和决议 | 实施性立法 |
| 27 | 陕西省森林保护管理暂行办法 | 1982 年 1 月 4 日 | 办法 | 自主性立法 |
| 28 | 吉林省人大常委会关于在重点林区建立人民检察院的决定 | 1982 年 3 月 7 日 | 决定和决议 | 实施性立法 |
| 29 | 吉林省人民政府关于开展全民义务植树运动的实施细则 | 1982 年 3 月 7 日 | 细则 | 自主性立法 |
| 30 | 新疆维吾尔自治区人民代表大会常务委员会关于刑事案件办案期限问题的决定 | 1982 年 3 月 17 日 | 决定和决议 | 实施性立法 |
| 31 | 天津市表彰人民治安英雄模范暂行条例 | 1982 年 4 月 3 日 | 条例 | 自主性立法 |

续表

| | 名　称 | 日　期 | 名称 | 类别 |
|---|---|---|---|---|
| 32 | 天津市第九届人民代表大会第三次会议关于巩固和发展“全民文明礼貌月”活动成果的决议 | 1982 年 4 月 3 日 | 决定和决议 | 自主性立法 |
| 33 | 天津市第九届人民代表大会第三次会议关于加强城镇街道清洁卫生工作的决定 | 1982 年 4 月 3 日 | 决定和决议 | 自主性立法 |
| 34 | 贵州省人民代表大会常务委员会关于依法严惩严重破坏经济的罪犯的决定 | 1982 年 4 月 10 日 | 决定和决议 | 实施性 |
| 35 | 云南省人民代表大会常务委员会关于批准耿马、西盟两个自治县执行《婚姻法》结婚年龄所作变通规定的决议 | 1982 年 4 月 17 日 | 决定和决议 | 民族自治地方自治立法 |
| 36 | 黑龙江省水产资源繁殖保护条例 | 1982 年 4 月 28 日 | 条例 | 自主性立法 |
| 37 | 吉林省人大常委会关于在重点林区建立森林人民法院的决定 | 1982 年 5 月 9 日 | 决定和决议 | 实施性立法 |
| 38 | 宁夏回族自治区人民代表大会常务委员会关于打击经济领域中严重犯罪活动的决议 | 1982 年 5 月 15 日 | 决定和决议 | 实施性立法 |
| 39 | 辽宁省人民代表大会常务委员会关于调整征用土地审批权限的决议 | 1982 年 7 月 13 日 | 决定和决议 | 实施性立法 |
| 40 | 北京市第七届人民代表大会常务委员会关于《北京城市建设总体规划方案》的决议 | 1982 年 7 月 21 日 | 决定和决议 | 自主性立法 |
| 41 | 新疆维吾尔自治区人民代表大会常务委员会关于全面使用维吾尔、哈萨克老文字的决议 | 1982 年 9 月 13 日 | 决定和决议 | 民族自治地方自治立法 |
| 42 | 广东省人民代表大会常务委员会关于加强控告和检举犯罪问题的决定 | 1982 年 9 月 21 日 | 决定和决议 | 实施性立法 |

由上表可见，这一时期省级地方立法的名称尚不统

一，但也有大致规律可循。由于1979年《地方组织法》只授权省、自治区、直辖市人大及其常委会基于“不抵触”原则制定自主性立法，而没有关于执行性立法的规定。因此，地方立法实践中，往往将落实和实施中央立法的执行性立法采用决议和决定的形式，而行使地方组织法赋予的立法权的自主性立法则采用条例、办法、规定以及决议、决定等形式。按照现行的立法体制，上述决定和决议大多属于地方的实施性立法，也具有地方性法规的性质，但是，依据1979年《地方组织法》的规定，只有条例、办法、规定才是严格意义上的地方性法规，详情参见表2。

表2　省级地方人大及其常委会典型自主性立法列表（1980—1982年）

| | 名　称 | 日　期 | 发布机关 | 法律效力 | 备　注 |
|---|---|---|---|---|---|
| 1 | 广东省经济特区条例 | 1980年4月15日 | 全国人大常委会 | 有效 | 1980年4月15日广东省第五届人民代表大会常务委员会第三次会议通过，1980年8月26日第五届全国人民代表大会常务委员会第十五次会议批准 |

续表

| | 名　称 | 日　期 | 发布机关 | 法律效力 | 备　注 |
|---|---|---|---|---|---|
| 2 | 山东省排放有害污水收费规定（试行） | 1980年6月27日 | 山东省人民政府 | 失效 | 1980年5月18日山东省第五届人民代表大会第三次会议原则通过 |
| 3 | 黑龙江省物价管理暂行条例 | 1980年8月19日 | 黑龙江省人大常委会 | 有效 | 黑龙江省第五届人民代表大会常务委员会第四次会议通过，第20条第2款规定：本条例的解释权属于省人民政府 |
| 4 | 浙江省关于国家建设征用土地和农村社队建设用地管理办法（试行） | 1981年3月9日 | 浙江省人大常委会 | 有效 | 浙江省第五届人民代表大会常务委员会第七次会议通过 |
| 5 | 安徽省各级人民法院受理经济案件征收诉讼费用试行办法 | 1981年5月9日 | 安徽省人大常委会 | 有效 | 安徽省第五届人民代表大会常务委员会第八次会议批准 |
| 6 | 江西省农副业船、渔船安全管理办法 | 1981年9月4日 | 江西省人民政府 | 有效 | 1981年8月22日江西省第五届人民代表大会常务委员会第八次会议通过 |
| 7 | 陕西省森林保护管理暂行办法 | 1982年1月4日 | 陕西省人民政府 | 失效 | 陕西省第五届人民代表大会第四次会议通过，2001年2月9日《陕西省人民政府关于废止一批规范性文件的公告》废止 |
| 8 | 山东省征收排污费实施办法 | 1982年4月25日 | 山东省人大常委会 | 失效 | 山东省第五届人民代表大会常务委员会第十三次会议通过 |
| 9 | 黑龙江省水产资源繁殖保护条例 | 1982年4月28日 | 黑龙江省人大常委会 | 失效 | 第五届人大常委会第十四次会议通过 |

综合分析表 2 中的 9 项立法，1982 年宪法颁行前的地方立法实践呈现出以下特点和问题：第一，这一时期地方立法尚不成熟，属于摸索阶段，各个地方立法的通过、批准、发布、解释、废止等程序都不统一，甚至同一省的立法的程序先后也不一致。一是发布机关各不相同。除了由省人大常委会发布外，《广东省经济特区条例》是由全国人大常委会批准、发布的，《山东省排放有害污水收费规定（试行）》《江西省农副业船、渔船安全管理办法》《山东省征收排污费实施办法》是由各省人大或人大常委会通过、省政府发布的。二是通过的方式各不相同。从表 2 的“备注”栏可见，各省人大常委会在地方立法中有“通过”“原则通过”“批准”三种立法权表现形式。三是地方政府在没有宪法法律依据的情况下，介入、分享了地方人大的立法权。立法权包括立、改、废、释的整个环节，然而实践中，政府不仅发布地方性法规，更解释和废止地方性法规。如《黑龙江省物价管理暂行条例》第 20 条第 2 款规定“本条例的解释权属于省人民政府”，《陕西省森林保护管理暂行办法》被

2001年2月9日《陕西省人民政府关于废止一批规范性文件的公告》废止，等等。

第二，这一时期地方立法呈现出先行性立法占主导、自主性立法、实施性立法较少的特点。按照《立法法》第七十三条的规定，地方性法规的立法事项可以分为三类：一是为执行法律、行政法规的规定，需要根据本行政区域的实际情况作具体规定的事项；二是属于地方性事务，需要制定地方性法规的事项；三是除法律保留的立法事项外，其他事项国家尚未制定法律或者行政法规的，省、自治区、直辖市和设区的市、自治州根据本地方的具体情况和实际需要，可以先制定地方性法规。在学理上，我们把这三类立法分别称为实施性立法、自主性立法和先行性立法。① 由于改革开放初期，一方面需要鼓励地方发挥主动性、积极性、创造性，释放经济社会发展的活力与动力，另一方面社会主义法制刚刚开始恢复和重建，亟须通过立法来填补法律空白，规制社会转

① 徐向华：《论中央与地方的立法权力关系》，《中国法学》1997年第4期。

型过程中出现的新问题、新情况。按照中央的战略部署，在进行全国性立法的条件还不成熟的情况下，由地方先行立法，积累经验后再进行全国性立法。在这样的时代背景下，除个别地方立法，如《山东省排放有害污水收费规定（试行)》第一条规定：“根据《中华人民共和国环境保护法（试行)》第十八条‘超过国家规定的标准排放污染物，要按照排放污染物的数量和浓度，根据规定收取排污费’的精神，结合山东情况，特制定本规定（试行)。”属于典型的实施性立法外，表 2 中的地方性法规绝大部分都属于先行性立法。大量的先行性立法填补了法律空白，推进了社会主义法制的发展。

第三，这一时期地方性法规立法的合宪性依据不足。如前所述，虽然 1975 年《宪法》和 1978 年《宪法》取消了“全国人民代表大会是行使国家立法权的唯一机关”的规定，但仍然坚持了由中央统一行使立法权的集权化国家立法制度。因此，1979 年《地方组织法》以及基于《地方组织法》授权的省级地方立法的宪法依据是需要审慎思考的问题，毕竟“统一、分层次”的立法制度的前提是统一，而法制统一的根基是合宪性，就是一切法律、行政法规和地方性法规都不得同宪法相抵触。

第四个阶段是从1982年《宪法》颁布至今的“统一、分层次”的立法体制。1982年《宪法》肯定了1979年以来的地方立法实践和立法体制，其第六十二、六十七条和第一百条分别规定了全国和省级人大及其常委会的法定立法权。1982年《宪法》的颁行，奠定了中国现行的中央与地方分享立法职权制度的宪法基础，基本上构建了中央与地方、权力机关与行政机关共同行使立法职权的立法体制。这一立法体制采取了立法集权的分权体制，其特点是在中央对立法进行集中统一领导的前提下，适当地赋予地方一定的立法职权，以作为对中央立法的补充和具体化。[①] 需要阐明的是，地方政府制定规章的立法在性质上属于行政立法，是行政决策的范畴，不同于严格意义上的民意机关的立法行为，因此本报告对地方立法的研究仅限于地方人大及其常委会的立法，不包括行政立法。

① 李林：《新中国立法60年》，载李林主编《新中国法治建设与法学发展60年》，社会科学文献出版社2010年版。

1982 年 12 月，五届全国人大五次会议对地方组织法进行修改，其中第二十七条增加规定，省、自治区的人民政府所在地的市和经国务院批准的较大的市的人民代表大会常务委员会，可以拟订本市需要的地方性法规草案，提请省、自治区的人民代表大会常务委员会审议制定，并报全国人民代表大会常务委员会和国务院备案。1986 年《地方组织法》第二次修改，进一步把制定地方性法规的权限扩大到省、自治区人民政府所在地的市和经国务院批准的较大的市。其第七条规定，省、自治区的人民政府所在地的市和经国务院批准的较大市的人民代表大会，可以制定地方性法规，报省、自治区的人大常委会批准后施行。之后，全国人大及其常委会又先后授权作为经济特区的海南省、深圳市、厦门市、珠海市、汕头市的人大及其常委会法规制定权。至此，中央、省级和较大市“分层次”的立法体制就基本形成了。尔后，2000 年颁布《立法法》，2015 年修改《立法法》，都进一步确认和完善了我国的立法体制，并将市一级的立法主体资格扩展到了“设区的市”。需要指出的是，市一级的人大及其常委会并不享有完整的地方立法权，无论是省、自治区的人民政府所在地的市，经济特区所在地的市，国务院已经批准的较大的市还是设区的市的地方性法规，都需要省、自治区的人民代表大会常务委员会批准，因此，省级人大及其常委会在维护地方法制统一方面具有关键性的作用。

## 二　地方立法权的性质、范围和功能

基于单一制的国家结构形式，“地方立法权”的概念以及地方立法的范围在学理上还存在一些争议，《宪法》《地方组织法》《立法法》也没有使用“地方立法权”的表述，但地方立法权的存在却是不争的事实。

### （一）地方立法权的性质

一般来说，国家立法权来源于主权，地方立法权来源于地方自治权，[①] 因此，地方立法的本质属性在于地方

① 王锴：《论地方立法权》，《东吴法学》2011 年春季卷。

的自治性，地方立法权源于并服务于地方自治权。[①] 地方自治就是某个地域范围内人民民主的体现。地方自治被认为是“民主政治培养的场地和不同政策试验的场地”[②]，因此，地方自治作为实现宪政、保障人权、发挥地方积极性的重要途径，在现代国家法治化过程中受到了高度的重视。

所谓地方自治是指以一定区域为基础的团体，其居民独立于国家意志之外，而以其本身的意思和责任，处理该团体事务的机制或其运用。[③] 在我国人民代表大会的根本政治制度下，每一级人大都是同级的“最高权力机关”，代表该地域范围内人民的利益，这就为地方自治奠定了基础。如果说，确立地方立法权的根本原因和目的在于保障各地人民实现宪法规定的当家做主管理本地区事务的权利，保障各地人民真正实现自我治理的权利，那么只要承认各地人民有当家做主管理本地区事务的权

---

① 李兵：《关于划定具有地方立法权的“较大的市”的思考》，《法学》2005 年第 9 期。

② 王名扬：《美国行政法》，中国法制出版社 1994 年版，第 270 页。

③ 蔡茂寅：《地方自治之理论与地方制度法》，学林文化事业有限公司 2003 年版，第 14 页。

利，承认其一定的立法权也就成为一种必然。[①] 因为从根本上讲，民主制度本质上应当视为人民的自治权，“即只有自己给自己制定的法才是正当的”[②]。可见，地方获得立法权的根本原因，在于各地人民对本地事务的管理权，因此说地方自治的基础是民主体制，所以地方自治与联邦制没有必然的联系，更非联邦制所特有。

地方立法权作为地方自治权的一种表现形式，必须要在单一制的国家结构形式和“统一、分层次”的立法制度中准确地理解。首先，在宪法规定的单一制的国家结构形式和民主集中制的中央与地方关系框架下，制定地方性法规，必须以不与宪法、法律、行政法规相抵触为前提，并且要把制定的地方性法规报全国人大常委会备案；全国人大常委会有权撤销与宪法、法律和行政法规相抵触的地方性法规。因此，有学者将中央与地方这种“统一、分层次”的立法制度称为“立法集权的分权

① 参见张海燕、朱恒顺《关于地方立法的审视和反思》，《青岛科技大学学报》（社会科学版）2007 年第 1 期。

② 魏宏：《关于国家立法权的内涵、性质和设置的探讨——兼论立法权与主权和治权的关系》，《长白学刊》2003 年第 2 期。

体制"[①]，即地方立法权是在中央集权体制下的分权。可见，地方立法权并不具有绝对的独立性和自治性，而是一种处于从属地位的立法权。

其次，根据《宪法》第一百条和《立法法》第七十三条的规定，地方人大及其常委会制定的地方性法规从形式上看，除了对地方性事务的自主性立法外，还包括对中央立法的实施性立法，以及对中央立法机关尚未制定法律和行政法规的事项所制定的先行性立法。在一定意义上，自主性立法涉及中央立法与地方立法"分"的关系，是中央立法和地方立法的事权划分；而实施性立法和先行性立法建构的是中央立法与地方立法"合"的关系，是中央立法和地方立法的双向合作。其中，实施性立法是对宪法、法律和行政法规做出的细化规定，是在地方贯彻执行国家意志的重要途径，更是实施宪法和法律的重要方式。[②]

---

① 李林：《新中国立法60年》，载李林主编《新中国法治建设与法学发展60年》，社会科学文献出版社2010年版。

② 参见莫纪宏《八二宪法实施状况评析》，《北方法学》2013年第1期。

最后，在“分层次”的立法制度中，不同层级的地方立法权的权力来源、立法权形态和法律效力都有所不同，因此也不能以地方自治权的属性一以概之。从权力来源划分，地方立法分为职权立法和授权立法。地方立法权如果源于宪法的直接规定，就属于职权立法；如果来自中央立法机关的法律或决定，就属于授权立法，其中来自法律授权的是一般授权立法，通过决定授权的是特别授权立法。根据现行《宪法》第一百条的规定，《宪法》仅将地方立法权授予了省级人大及其常委会，并未向更下层级的地方授权。因此，在地方立法中，仅有省级地方立法是宪法规定的职权立法，是地方固有的权力，非经修宪程序中央不能干预，具有分权制衡的效果。而无论是中央通过《地方组织法》《立法法》赋予“较大的市”或“设区的市”的地方立法权，还是中央通过单向的、专门性的决定赋予经济特区的地方立法权，都是在《宪法》允许的前提下，由全国人民代表大会及其常委会从中央的立法权力中再分流出一部分给地方。授权立法并非地方固有的权力，全国人民代表大会及其常委会可以授权，也可以依照法定的程序收回授权。

由上可见，市级地方立法，无论是一般授权立法还是特别授权立法，都在两个面向上体现出一定的“依附”性质：一是面向《宪法》和省级立法机关。由于宪法仅将地方立法权授予了省级人大及其常委会，因此《地方组织法》和《立法法》在授权市级地方立法权的同时，都规定了省级人大常委会对于市级地方性法规的“批准权”，即市级地方性法规需报省、自治区的人民代表大会常务委员会批准后施行。关于这一规定，起草者的解释是，“为了既能防止因立法权过于分散带来的立法无序问题，保障法制的统一性，又能提高立法的工作效率，保护较大的市的立法积极性，避免批准权与制定权的混同”①。由此，市级地方立法权不是一个完整的立法权，必须“依附”省级人大常委会的批准，如此既能符合宪法规定的立法制度、保障社会主义法制的统一，又能最大限度地满足市一级对于地方立法权的实际需求。②

① 曹康泰：《中华人民共和国立法法释义》，中国法制出版社 2000 年版，第 144 页。

② 参见焦宏昌、马骁《地方立法权扩容与国家治理现代化》，《中共中央党校学报》2014 年第 5 期。

二是面向授权主体，即全国人大或全国人大常委会。作为授权立法，市级地方人大及其常委会应严格按照法律或决定规定的授权范围、授权标准、授权期限行使立法权，并接受授权机关的监督。

## （二）地方立法权的范围

《立法法》第七十三条规定："地方性法规可以就下列事项作出规定：（一）为执行法律、行政法规的规定，需要根据本行政区域的实际情况作具体规定的事项；（二）属于地方性事务需要制定地方性法规的事项。除本法第八条规定的事项外，其他事项国家尚未制定法律或者行政法规的，省、自治区、直辖市和设区的市、自治州根据本地方的具体情况和实际需要，可以先制定地方性法规。在国家制定的法律或者行政法规生效后，地方性法规同法律或者行政法规相抵触的规定无效，制定机关应当及时予以修改或者废止。设区的市、自治州根据本条第一款、第二款制定地方性法规，限于本法第七十二条第二款规定的事项。"《立法法》首次提出"地方性事务"概念，使得地方立法机关在理论上具备了自主立法的空间，有利于防止中央立法权对地方立法权的侵犯，保护地方立法的相对独立性，具有较为重要的理论和实践意义。

从理论上说，地方性事务是指具有区域性特点的、应由地方立法机关予以立法调整的事务。但是，在立法上“地方性事务”范围的法律界定仍然缺位，实践中基于现行宪法垂直式的权限分配方式，中央事务与地方性事务亦缺乏明确的界限。从《宪法》《地方组织法》关于中央政府和地方各级政府的事务管辖权看，中央政府有权处理的事项非常宽泛和笼统，涵盖经济、民政、教育、文化、卫生、体育、计生、公安等事项，其中的绝大部分事项，省、县、乡地方各级政府也同样有权处理。[①] 因此，省级地方立法的事项范围也非常宽泛，除了国防、外交以及法律保留的事项外，与中央的立法事权几乎“重叠”。基于垂直式的权限分配方式，中央和地方都对同样的事项享有管辖权，有利于发挥地方立法机

① 参见孙波《论地方性事务——我国中央与地方关系法治化的新进展》，《法制与社会发展》2008 年第 5 期。

关的主动性和积极性。正如哈耶克所言："把中央政府的大多数服务性活动都转交给地方政府去承担，确实是大有助益的，只是地方政府在实行强制性权力的时候必须受到较高的立法机构所制定的规则的约束。"① 但是，高度重叠的中央与地方立法事权也存在缺陷，一是容易导致管辖权不清晰，有利则争，无利则推；二是容易形成立法上的重复，为此《立法法》专门规定"制定地方性法规，对上位法已经明确规定的内容，一般不作重复性规定"。

根据《立法法》第七十二条的规定，设区的市可以对城乡建设与管理、环境保护、历史文化保护等方面的事项制定地方性法规，法律对设区的市制定地方性法规的事项另有规定的，从其规定；省、自治区的人民政府所在地的市，经济特区所在地的市和国务院已经批准的较大的市已经制定的地方性法规，超出前述事项的，继续有效。由此，市级地方立法的事权范围就是城乡建设

① ［英］哈耶克：《法律、立法与自由》，邓正来译，中国大百科全书出版社 2000 年版，第 465 页。

与管理、环境保护、历史文化保护等方面。显然，2015年的《立法法》修改在扩大享有地方立法权的主体范围的同时，缩小了市级地方立法的事权范围。然而，按照《宪法》和《地方组织法》的规定，市一级的地方政府拥有与省级政府相同的事务管辖权。因此，从逻辑上推理，立法事权范围外的其他地方政府事务，在有上位法规定时，可以由地方人民政府“依据”上位法制定规章来治理；在没有上位法规定的情形下，地方政府要管理这些事务就只能靠地方人大的决议或政府的行政决策了。在《宪法》《地方组织法》《立法法》构建的立法制度中，市级地方政府规章、决议和决定都不需要报省级政府或人大批准，可以直接生效。如果地方政府有事务管辖权，但没有匹配的立法权，那么地方政府规章和决议决定就会在地方性法规空位时，作为代替地方性法规的治理手段，这一方面使得重大决策的民意基础不足，另一方面也不利于省级人大常委会的监督和国家法制的统一，与《宪法》《地方组织法》《立法法》的立法精神以及地方自治的民主精神和现代化治理理念都是相悖的。

### （三）地方立法的双重功能

基于上文对“统一、分层次”的立法制度和地方立法权性质与范围的阐述，笔者认为地方立法从总体上来说承担着实施国家法律和创制地方法规的双重功能，前者是作为单一制国家结构形式下的地方国家机关所承担的实施中央法律法规的宪法法律责任，后者是作为地方民意机构和权力机关所承担的发挥地方能动性并突出地方特色、引领地方法治建设并保障地方经济社会发展的地方自治性权力。因此，本报告对省级地方性法规内部立法机制的考察以及对外部立法状况进行的大数据分析，都是从实施性立法和自主性立法（含先行性立法）两个角度进行的，以此来呈现省级地方立法功能的实现程度及存在的问题和对策建议。

# 第二章　地方立法体制机制创新与成效

——以广东省为例

本报告对省级地方人大立法的分析和研究，采取点面结合、内外兼顾、数量与质量并重的方法。一方面，为了全面呈现省级地方立法的情况，报告既关注地方立法产生的外部结果，通过大数据揭示省级地方人大立法数量上的基本状况，同时又对地方立法内部的体制机制建设及其成效予以细致阐述，分析地方人大在提高立法质量方面的制度性创新与成效。另一方面，对地方立法内部体制机制的考察是以调查研究为基础的，笔者与课题组成员共赴广东省、江苏省、四川省、甘肃省、青海省、宁夏回族自治区、内蒙古自治区等地对省和市级的地方立法情况进行了深入调研，并以广东省为分析样本，对地方立法各个环节、各个程序的体制机制创新的实践与成效进行评述。为了比较完整地呈现广东省地方立法体制机制的探索，报告中包含了市级人大立法的部分经验做法。

选择广东省这个“点”作为研究对象，而不是将在各省（区）、各市调研过程中了解的各地经验、各地特色进行广泛的介绍和分析，在研究方法上主要是基于三个方面的考虑：一是受时空及各方面条件的限制，课题调研不可能全面覆盖所有的省级地方，因此通过调研了解到的地方经验与特色，由于信息不全面，很难做出准确的横向和纵向比较分析；二是在调研的过程中发现，一个地方可能在立法的某些环节和程序上有创新，但在其他的环节却相对薄弱，因此如果对各个调研地方立法经验与特色进行介绍，而不是对一个地方的立法全环节进行深入了解，可能出现以偏概全的问题；三是立法体制机制创新不具有严格的国家立法、省级立法和市级立法的界限，也没有地域上的界限，因此本报告对广东省地方立法体制机制创新的研究对其他地域和层级的立法都具有参考价值。

## 一 概述

### (一) 广东省人大立法概况

2010 年，广东省省委从保障和促进实施《珠江三角洲地区改革发展规划纲要（2008—2020 年)》“四年大发展、十年大跨越”、部署“十二五”时期省国民经济发展规划的全局出发，做出了制订《法治广东建设五年规划（2011—2015 年)》（以下简称《五年规划》）的决策。《五年规划》在广泛征求社会各界意见后，于 2011 年 1 月 7 日由省委十届八次全会审议通过并公布实施。作为配套立法，省委办公厅还印发了《广东省 2011 年依法治省工作要点》，启动法治广东建设的新进程。《五年规划》对省人大常委会（法工委）的立法工作提出了总体要求（见表 3)。

表 3 《法治广东建设五年规划（2011—2015 年）》省人大常委会法工委任务分解表

| 五年总体要求 | 年度计划 | | | | |
|---|---|---|---|---|---|
| | 2011 年 | 2012 年 | 2013 年 | 2014 年 | 2015 年 |
| 1. 全面实施省人大常委会立法规划，科学编制年度立法计划，并按计划完成立法任务。加强重点领域立法，更加注重社会领域立法，继续加强经济领域立法、规范政府行为立法及民主政治建设立法，继续完善教育、文化、卫生和城乡建设与管理方面的立法 | 更加注重促进经济增长方式转变和改善民生的立法，更加注重加强社会服务、社会管理和推动低碳绿色经济发展的立法 | 根据立法规划部署，确定具体立法工作 | | | |
| 2. 创新立法机制，大力推进科学立法、民主立法，不断提高立法质量。完善法规立法论证制度，创新法规起草、法规清理等工作机制，继续探索和完善人大代表参与立法机制，加大开门立法力度 | 积极探索立法前评估和审查等立法机制创新工作 | 根据立法规划部署，确定具体立法工作 | | | |

具体而言，在《五年规划》准备、启动和实施期间，省人大常委会着眼于全省中心工作和广东省发展的阶段性特征，积极创新立法工作机制，推进重点领域立法，重视发挥高校和专家学者的智力、专业资源和优势，不断拓宽公众参与立法的渠道，增强立法的针对性和可操作性，为广东省的经济社会发展和法治建设提供了强有

力的立法保障和立法指引。

2010年，广东省人大常委会突出抓好促进自主创新、产业结构优化升级、促进社会和谐及促进资源节约和环境友好等领域立法，全年共审议省的地方性法规和有关法规问题的决定草案24件，通过20件，审查批准4个较大的市的地方性法规及法规相关问题的决定14项。其中，省人大常委会审议通过《关于促进和保障佛山市顺德区综合改革试验工作的决定》，省政府下发《关于佛山市顺德区行政复议工作有关问题的决定》，为广东省深化行政体制改革，推进科学发展、先行先试提供法制保障。

2011年是广东省实施“十二五”规划取得良好开局的一年。省人大常委会确保立法工作服从服务于全省经济社会发展大局，坚持科学立法、民主立法，抓紧制定和修改科学发展急需的法规，一年来审议通过省的地方性法规及有关法规问题的决定12件，审查批准广州、深圳、珠海、汕头四个较大的市的法规及有关法规问题的决定10项。同时，根据《行政强制法》的规定，加强对本省法规中有关行政强制规定的专项清理。加强规范性文件备案审查工作，进一步明确备案审查工作的范围、标准、方式和时间要求，规范工作程序，推动和支持市、县加强备案审查工作和队伍建设。加大法规调研力度，改进法规征求意见的方式，着重在法规重点内容上有所侧重地征求有关部门、专家、公众的意见，增强法规征求意见的针对性、实效性。此外，为了提高立法质量、保障法制统一，2011 年省人大常委会启动地方性法规立法后评估工作，坚持立、改、废并举，完成对本省地方性法规的全面清理工作。

2012 年，广东省人大常委会的立法工作始终围绕省委中心工作，突出民生和社会管理的重点，为经济社会发展提供有力的法规支撑。省人大常委会审议通过省的地方性法规案及有关法规问题的决定案 15 件，共制定法规 4 件、修改法规 33 件、废止法规 2 件，批准广州、深圳、珠海、汕头四个较大的市的法规 9 件，批准连南瑶族自治县单行条例 2 件。特别是积极配合“三打两建”专项行动，加强规范市场经济秩序立法，修订了《商品交易市场管理条例》等 7 件经济领域方面的法规。

2013 年是实施《五年规划》的中期评估年，围绕全省工作大局，广东省人大常委会审议省的地方性法规草案10件，通过6件，审查批准广州等四个较大的市的法规及有关法规问题的决定8项。为了契合广东省发展的阶段性特征、有效增强立法的针对性、科学编制五年立法规划，省人大常委会开展立法大调研，赴全省21个地级以上市和44个县（市、区），征求各地区、各部门和社会公众对立法项目和立法工作的意见，并在广泛征集立法项目建议、认真论证评估、充分统筹协调的基础上，制定五年立法规划，确定立法项目89项。重视发挥高校和专家学者的智力、专业资源和优势，与9所高校合作成立地方立法服务基地，选聘66名专家学者成立立法咨询专家库，深入推进科学立法。实行法规出台前“六个必须”的规定，增加评估环节，拓宽公众参与地方立法的渠道。

2014年，广东省人大常委会共审议省的地方性法规草案14件，通过10件，审查批准较大的市的地方性法规10件、自治县单行条例1件。为适应改革和经济社会发展需要，立法坚持问题导向，增强针对性、及时性，注重从法制上推动解决改革发展中的突出矛盾和问题，制定或修改了《广东省信访条例》等法规，并对现行有效的214项地方性法规进行全面清理，使立法主动适应改革发展需要。

2015年，广东省人大常委会依法行使职权，审议法规草案31件，通过16件，审查批准设区的市法规10件。为适应省全面深化改革和法治广东建设的需要，加强经济社会等领域的立法，制定《商事登记条例》《社会力量参与救灾促进条例》《食品生产加工小作坊和食品摊贩管理条例》等法规。完善人大主导立法工作的体制机制，健全法规起草机制，对城乡生活垃圾处理条例、禁毒条例中的重要条款进行单独表决，健全代表参与立法机制，利用在线交流平台等拓宽基层代表参与立法工作的渠道。①

### （二）立法体制机制创新的广东经验

近年来，为了促进法治广东建设、引领经济社会的

① 数据来源于广东省人民代表大会常务委员会工作报告，广东人大网（http：//www.rd.gd.cn/pub/gdrd2012/rdgzxgnr/cwhgzbg/）。

发展、提高立法质量，广东省各级人大不断创新立法工作体制机制，涵盖规划、立项、起草、论证、审议、后评估、备案审查、清理等立法的各个环节，完善了立法论证、立法公开、立法听证、立法评估、立法咨询等制度，保障和加强了立法的科学性、民主性。

广东省人大在立法方面的创新和亮点主要体现在七个方面：一是在完善立法工作制度方面有创新，制定并推进了立法公开、立法听证、立法论证、专家参与、立法评估五项立法工作制度；二是建立地方立法研究评估服务基地，重视法规表决前的评估，每一个法规在表决前，都要进行一个评估，同时为了保证评估的客观性，引入了第三方评估制度；三是在委托立法方面做了很多探索，信访、工商登记等通过委托起草收到了比较好的立法效果；四是建立立法咨询专家库和专家一对一咨询制度，立法更加科学民主；五是探索建立人大监督与政府层级监督相结合的规范性文件监督新机制，并促进市、县加强备案审查工作；六是改进法规征求意见方式，着重在法规重点内容上有所侧重地征求有关部门意见，突出意见的针对性和实效性；七是立法之后，重视宣讲，比如2014年3月《信访条例》通过后组成了宣讲团，分21个宣讲组，引起了较好的社会反响。广东省人大在制度建设、开门立法中步伐比较大，成绩突出，在2013年召开的全国人大立法工作会议上，广东省代表地方发言介绍了本省的经验和做法。

广州市人大以提高立法质量为中心，建立了一整套科学规范、运行有效的制度体系，经过创新和实践，形成了科学立法十项制度和民主立法十项制度。科学立法十项制度主要包括：一是法规立项论证制度。确定了“十立十不立”的法规立项标准，建立了较为完备的论证审查机制，在此基础上，于2012年制定了《广州市地方性法规立项办法》，在全国率先建立起可以立项、优先立项、不予立项和废止法规的具体标准体系。从2013年开始依据这一标准体系开展更加严格的立项论证，严把立法项目的准入关。

二是立法计划项目库制度。为有效解决因政府不能按时提案导致年度立法计划不能按时完成的困扰，确保人大及其常委会对立法工作的主导权和主动权，广州市于2011年建立了立法计划项目库，将立法计划中的正式项目分为审议项目和提案项目，审议项目是当年提交常委会审议的项目，提案项目是当年只提案不审议的项目，提案后存入项目库，以确保审议项目全部是在库项目。

三是立法顾问论证制度。广州市于1999年建立了立法顾问论证制度，每届聘请12名立法顾问。制定每一部法规、编制年度立法计划和五年立法规划都举行立法顾问论证会。

四是立法咨询专家论证制度。广州市于2003年建立了立法咨询专家数据库，将本地区各个学科、领域的专家学者纳入数据库，每年进行更新，目前在库专家有500余人。制定每一部法规都召开咨询专家论证会。

五是立法信息汇编制度。广州市于2008年建立立法信息汇编制度，制定每一部法规都委托专业机构编辑《专题信息摘报》，为常委会组成人员和法制委委员提供丰富的立法信息和参考资料。

六是实地调研制度。制定每一部法规都到相关部门、单位或者基层社区进行实地调研，掌握实际情况，增强立法的针对性和实效性。

七是立法协调制度。制定每一个法规都要召开有市政府法制办、法规起草单位或行政主管部门、其他各相关行政管理部门、市人大常委会对口工委、省人大常委会对口工委和法工委的有关负责同志参加的立法协调会，对法规草案逐条进行讨论和协调。

八是统一审议制度。广州市人大法制委执行这一制度，坚持对法规条文逐条审议、一个法规三次审议，严把法规的合法性、合理性和可行性，成效显著。

九是立法后评估制度。广州市是全国最先开展此项工作的城市之一，1997 年就对当时的全部64 件地方性法规进行了全面评估。2011 年首次采用量化评估标准体系对《广州市城镇房地产登记办法》进行了评估。2012 年制定了《广州市人大常委会立法后评估办法》，首次建立了由合法性、合理性、操作性、实效性、协调性和规范性六个部分构成的评估指标体系，并按百分制量化各个部分的权重分值。

十是法规清理制度。广州市近两届人大常委会围绕行政许可法的颁布实施、建成中国特色社会主义法律体系和行政强制法的颁布实施，开展了三次大规模的清理。此外，近年来还编写了《立法业务指南》《立法工作手册》和《工作文章汇编》等业务用书，实现了立法工作的高效率和工作流程、立法文书的标准化、优质化。

为保障立法的民主性，广州市也形成了一整套内容科学、程序严密、有效管用的民主立法制度体系，具有民主立法方式的多样性、民主立法参与主体的广泛性、民主立法过程的充分性和民主立法成效的显著性四个特点，主要包括：一是召开专场征求意见座谈会。召开专场征求意见座谈会，是广州市人大常委会立法过程中采用最多的一种民主立法方式。制定每一部法规都分别召开征求管理相对人、人大代表、政协委员、政府相关部门、社会组织等各方面意见的专场征求意见座谈会。

二是书面广泛征求意见。制定每一部法规都发函征求市政府相关部门、市政协社法委、市法院、市检察院、本市各区和县级市人大常委会以及相关社会团体、行业组织的意见。除了就法规草案整体征求意见以外，还就法规中的重大或者疑难问题，专门发函征求市政府和相关单位的意见，做到每修改一稿都征求一次意见。

三是在《广州日报》等媒体上公布法规草案征求意

见。凡是与人民群众利益关系密切的或者比较重要的法规都在《广州日报》上公布，公开征求意见，在公布法规草案时一并公布法规草案注释稿，同时刊登征求意见重点问题提纲。

四是网络立法。从2003年开始，所有的法规草案都在市人大常委会门户网站上公布，公开向社会征求意见。在制定与人民群众利益关系密切的法规时，还在国际互联网著名门户网站上开展立法民意调查，从2008年起至今，已将《广州市城市管理综合执法条例》《广州市养犬管理条例》《广州市违法建设查处条例》等近十件法规草案在著名门户网站上进行民意调查。2012年在腾讯网和新浪网开设全国人大系统第一个立法官方微博，将所有立法信息和立法项目都放在微博中发布和讨论，同时制定《广州市人大常委会立法官方微博管理办法》，规范微博的日常运作和管理。提高了公众参与地方立法的便利性和实效性。

五是委托社会组织开展立法民意调查。制定与人民群众利益关系密切的法规时，委托广州社情民意研究中心、国家统计局广州调查队等单位进行民意调查、收集来自社会各方面的意见，并进行专业分析，提出立法民意调查报告。

六是举行立法听证会。2002 年，制定《广州市人大常委会立法听证办法》，规定在制定涉及市民群众切身利益的法规时，必须举行立法听证会听取公众意见。听证会的陈述人和旁听人在报纸或互联网上公开征集，除设置听证陈述人陈述这一主体程序，还专门设置辩论程序、听证人询问和旁听人提问程序，听证会由广州电视台全程现场直播。从 2010 年开始尝试以市人大专门委员会的名义举行立法听证会，促使立法听证会朝小型化、经常化的方向发展。在 2013 年举行全国首个网上立法听证会，在制定《广州市社会医疗保险条例》的过程中，在国际著名互联网门户网站大洋网上举行为期 7 天的网上立法听证会，点击量高达 1220.84 万人次，网友参与投票和评论 6353 人次，发表意见、建议和评论 919 人次，创造了该市公众参与的历史之最。

七是借助“羊城论坛”收集意见。广州市人大常委会与广州电视台合办的“羊城论坛”，是广大市民参政议政、公开讨论时事的重要平台。市人大常委会借助和利用这一平台，让市民发表对地方立法的意见和建议。

八是扩大公众有序参与渠道。为进一步提高公众参与立法的便利性、参与率和实效性，市人大常委会法制工委于2012年制定了《广州市公众参与地方立法指南》，通过明确规定公众参与的途径、步骤、方法、要求和市人大常委会提供的各项服务与便利，引导公众在网上查阅法规草案文本提出意见、通过立法官方微博参与立法讨论提出意见、参与网络问卷调查、参与接触互动式立法民意调查、参加立法座谈会和立法听证会等。

九是着力强化立法论证会、座谈会的公开性。在制定涉及市民切身利益的法规过程中，将各种论证会、座谈会向新闻媒体开放。

十是建立公众意见采纳与反馈机制。对于公众提出的意见，市人大法制委员会在统一审议时均逐条研究，常委会审议时也对公众意见进行研究，凡可采纳的意见，均予采纳。在法规正式公布实施后，在网络等媒体上向公众反馈采纳意见的情况，激励公众持续参与。

## 二　建立科学的立法工作机制，规范立法程序

要提高立法质量，必须不断改进工作机制和工作方法，大胆探索，不断创新，建立健全符合实际需要和立法工作规律的工作机制、程序和方法。

### （一）加强立项工作机制建设

法规立项工作是保证立法工作有目的、有步骤地进行，提高立法质量必不可少的重要保障。随着依法行政、依法办事的理念逐步深入人心，各方面都非常重视法制建设，立法的积极性都很高。但是法不是万能的，并不是所有的问题都要用法去解决。哪些社会关系需要用法律法规调整，哪些项目是构建中国特色社会主义法律体系所亟须的、必须抓紧制定的，需要地方立法机关按照轻重缓急，进行统筹规划，以对有限的立法资源做出科学、合理的计划安排。

**1. 编制立法规划和立法工作计划**

（1）编制广东省五年立法规划

为制定出真正管用的法规，广东省人大常委会高度重视立法规划编制工作，成立了由省人大常委会办公厅、法制委员会、常委会法制工作委员会、省政府法制办公室组成的立法规划编制工作领导小组及办公室。广东省人大常委会在编制立法规划时坚持以下指导思想：高举中国特色社会主义伟大旗帜，以邓小平理论、“三个代表”重要思想、科学发展观为指导，紧紧围绕实现“三个定位、两个率先”的目标任务，根据广东省经济社会发展情况和实际需要，加强重点领域立法，注重各方面法规制度的协调发展，推进科学立法、民主立法，加强立法工作组织协调，着力提高立法质量，解放思想，开拓创新，通过立法贯彻落实省委关于经济社会发展的重大决策和部署，在法治轨道上规范和推进各项工作。同时，省人大常委会在确定法规项目时还遵循和体现了以下原则：第一，坚持围绕中心，服务大局；第二，坚持以人为本，立法为民；第三，坚持从省情和实际需要出发；第四，坚持统筹兼顾，突出重点；第五，坚持国家法制统一。

立法规划所选择的立法项目主要来源于七个方面：一是省人大常委会2008—2012年立法规划项目中尚未完成的项目；二是根据全国人大五年立法规划，在新制定或修改法律之后，应制定或修改的地方性法规项目；三是省人大常委会开展“新形势下人大立法工作如何为广东改革发展稳定创造良好法治环境”专题调研所收集的立法项目；四是书面征求各地级以上市人大常委会、省直有关部门、在粤全国人大代表、省人大代表意见反馈的情况；五是已列入2013年立法工作计划的项目；六是省“两会”期间，人大代表、政协委员就立法方面提出的议案、提案和建议；七是公开征求意见时社会公众反馈的建议和意见。经归并整合后，从以上七个方面提出的法规建议项目，共有263件。

省人大常委会按照立法规划编制的指导思想和原则，在全面调研、科学论证和反复协调的基础上，确定了3类共89件法规（包括2013年立法工作计划项目）作为立法规划项目：第一类是条件比较成熟、任期内提请审议的法规项目52件，其中修改法规27件，新制定法规

25件；第二类是需要抓紧工作、条件成熟时提请审议的法规项目21件；第三类是需要有关方面研究论证，视情况做出安排的法规项目16件。这些立法规划项目主要包括五个方面：一是以改善民生和创新社会管理为重点的社会领域立法，包括社会组织条例、信访条例、救灾条例、企业集体合同条例等法规。二是以加快转型升级、完善市场经济体制为重点的经济领域立法，包括商事登记条例、信息化促进条例、实施《中华人民共和国招标投标法》办法、实施《中华人民共和国土地管理法》办法等法规。三是以规范行政行为、促进政府职能转变为重点的民主政治领域立法，包括行政审批管理监督条例、预算审批监督条例、地方立法条例等法规。四是推进资源节约型、环境友好型社会建设的生态文明领域立法。包括环境保护条例、珠江三角洲大气污染防治条例、城乡生活垃圾分类与处理条例等法规。五是推动科学、教育、文化、卫生事业发展的立法。包括科技成果转化促进条例、社会科学普及条例等法规。

（2）制定年度立法工作计划

为了落实五年立法规划，2014年，广东省人大常委会在广泛征求意见、深入调查研究、认真论证评估、充分统筹协调的基础上，制订了立法工作计划，根据立法的迫切性、可行性、立法条件成熟度、法规起草进度等因素，确定27件立法项目，其中继续安排审议的法规案5件，提请初次审议的法规案13件，预备项目9件，另有法规清理项目。2015年，以贯彻落实全面推进依法治国的重大决策部署、主动适应改革和经济社会发展需要、推动中央和省委决策部署的贯彻落实、实现立法决策和改革决策相结合为目标，制定立法工作计划，除对2014年立法工作计划结转的法规案拟根据研究情况和成熟程度适时安排审议外，确立26件法规项目，其中提请初次审议的16件，预备项目10件。法委、法工委按照常委会的工作部署，加强立法规划和立法工作计划的组织实施，按照“任务、时间、组织、责任”四落实的要求，主动加强对法规起草工作的组织协调和督促落实工作，加强与法规草案起草单位的沟通联系，及时掌握起草进展以及起草中的重大问题和意见，积极督促、推动有关方面做好法规起草工作，保障立法规划和立法工作计划的有效执行。

（3）广州市法规立项工作机制

2012年7月31日广州市为规范和加强地方性法规立项工作，增强立法项目的针对性和实效性，进一步提高立法质量，根据《广州市地方性法规制定办法》的有关规定，制定《广州市地方性法规立项办法》。该立项办法适用于制定、修改、废止广州市地方性法规年度计划项目的建议、论证和确定等工作。其立法项目主要来源于两个方面：一是，法制工委于每年六月向市委办公厅、市政府办公厅、市政协办公厅、市人大常委会各工作机构、市中级人民法院、市人民检察院、市各民主党派和市总工会、共青团、妇联、残联等人民团体，有关社会组织、各区县级市人大常委会、市人大常委会组成人员、市人大代表等单位或者人员发函征集下一年度的立法建议项目；二是，法制工委在网站、立法官方微博或者报刊上向社会公开征集立法建议项目。

征集立法建议项目时，立项办法还确立了“十立十不立”的法规立项标准，并依据标准严把立法项目的准入。所谓“十不立”是指：一是不是急需，可立可不立的不立；二是没有新的内容，照抄上位法的不立；三是已纳入规章制定计划的不立；四是主要制度或主要内容与上位法相抵触的不立；五是立法目的不明确，不知道要解决什么问题的不立；六是没有解决问题的制度或措施，难以实现立法目的的不立；七是主要内容或制度脱离实际，难以操作和执行的不立；八是制度、措施与既定目标比例失衡，虽可操作，但效益低下或者没有效益的不立；九是上位法拟废止或正在修改的项目不立；十是法规草案稿不成熟的不立。

立法项目的征集时间不少于两个月。同时，依照征集函的要求，向市人大常委会报送制定或者修改地方性法规的建议项目的单位，应当提交立项建议书、法规草案建议稿和注释稿、立项论证报告、调查研究情况和各方面的意见汇总、相关理论研究成果及背景资料和相关法律、法规、规章、政策文件汇编等材料。法制工委应当在前期征求意见、立项协调、专家论证和调研调查的基础上召开立项论证会议，按照标准和要求对年度立法计划建议项目逐一进行论证、审查和筛选，拟定年度立法计划项目，形成年度立法计划草案稿。

### 2. 深入开展立法需求调研

加强调查研究是走进基层、接触群众、了解民意最直接的方式，地方立法涉及的制度事关全省经济社会发展和群众的根本利益，必须深入基层、深入群众，了解真实情况。2013 年 4—6 月，围绕“新形势下人大立法工作如何为广东改革发展稳定创造良好法治环境”的主题，广东省人大常委会组成了 5 个调研组，分赴全省 21 个地级以上市开展调研，实地考察 44 个县（市、区），走访 40 个镇（街）、17 个社区（村）、14 个综治信访维稳中心和 10 家企业，听取基层单位、人大代表、专家学者、大学生村官和社会公众的意见和建议。基层干部群众从经济、社会、文化、生态环保和民主政治等各个领域和不同层面对立法工作提出了 137 条意见和建议。

在调研的基础上，立法规划编制工作办公室全面研究分析广东省经济社会发展进入新阶段后所反映出的社会新需求和人民新期盼，并经广泛征求意见、认真论证评估、充分统筹协调，制定了《广东省十二届人大常委会立法规划》，确定 3 类共 89 件法规作为立法规划项目，其中，人民群众关注的信访条例、企业集体合同条例

（修订）已补充列入2014年立法计划，农民关心的集体资产、土地等问题涉及的法规也纳入了立法规划。

3. **立法规划项目论证**

在征求立法项目和调查研究的基础上，结合有关方面提出的立法建议项目，立法规划编制工作领导小组办公室起草了立法规划征求意见稿，并向提出立法建议的有关单位和人员征求了意见。在此基础上，省人大常委会召开立法规划项目论证会，由省人大各专门委员会、常委会各工作委员会、省政府法制办的有关同志和全国人大代表、省人大代表、立法咨询专家等组成三个论证组，对法规项目进行论证。省直有关部门和单位分别对各自负责起草的法规进行说明，论证组对法规项目中涉及的问题进行询问，并按照立项的原则、标准和要求，分别对拟立项法规的必要性、合法性、可行性进行了充分的讨论、分析和研究，提出处理意见。领导小组办公室根据论证意见形成立法规划建议稿，并在进一步研究修改后，形成立法规划草案，提交省人大常委会审议。

### （二）创新起草工作机制

起草是立法工作的关键环节，直接影响立法的质量。广东省、市两级人大，积极探索多元化的法规起草模式，有效调动和利用了社会立法资源。

#### 1. 委托第三方起草法规

为了有效调动和利用社会立法资源，提高立法草案质量，广东省人大常委会不断探索，建立了委托第三方起草法规的工作机制。2013 年 8 月，广东省人大法委将社会关注度高、涉及人民群众合法权益的《广东省信访条例》委托给中山大学、暨南大学、广东外语外贸大学地方立法研究评估与咨询服务基地分别起草。三所高校立法基地分别起草，各自拿出一个法规草案；省人大常委会负责法规起草的统筹协调和督促、指导工作，组织有关高校开展立法调研；省信访局按照省人大常委会的要求，配合三所高校立法基地做好法规起草工作，为起草法规提供方便。此后，人大常委会又将救灾条例委托华南理工大学和广州大学起草，将工商登记条例委托给华南理工大学、广东外语外贸大学、韩山师范学院 3 个立法基地起草，将社会组织条例委托给中山大学、广州大学、广东海洋大学 3 个立法基地起草，将环境保护条例委托给暨南大学、韶关学院、嘉应学院 3 个立法基地起草。

经过尝试，委托第三方起草法规的工作机制，一方面拓宽了法规起草途径，形成了良性竞争机制，突破了以往由立法机关和政府机关起草法规的既定模式，有利于提高公民的有序参与；另一方面，法委、法工委按照常委会的工作部署，加强对法规起草工作的组织协调和督促落实工作，加强与法规草案起草单位的沟通联系，及时掌握起草进展以及起草中的重大问题和意见，积极督促、推动有关方面做好法规起草工作，有利于立法工作的统筹协调性，也有利于发挥人大立法的主导作用。

**2. 重视听取各方面意见**

为使法规符合地方的实际情况，能立得住、行得通、真管用，在法规起草过程中要加大立法调研力度，对于涉及面广、情况复杂、意见分歧大、关切人民群众利益、社会关注度高的立法项目开展广泛、深入的调研工作。

为提高调研的实效，必须带着需要解决的问题，有针对性地选择调研题目，深入基层，全面收集所需的资料信息，并对调查所获得的第一手材料进行研究分析，做到情况明、问题清、数字准、难点透，使立法更好地反映实际情况，能够解决实际问题。如《广东省信访条例（草案)》在起草过程中，不仅注重发挥专家学者的作用，而且更加注重广泛深入地听取社会各界意见，赴21个市开展调研，赴省外和港澳等地调研考察，在出访泰国、新加坡、澳大利亚期间，学习考察了其公民申诉制度的有关情况，还召开了120多场座谈会，其中包括专门的基层上访群众座谈会，听取上访群众对信访立法的意见。

**3. 增强法规草案的针对性**

法的制定必须从调整社会关系的客观实际出发，符合实际生活的需要。在立法过程中，能否准确把握矛盾焦点的实质，科学合理地规范所调整的社会关系，增强法规的可操作性，是提高立法质量的关键。

提高立法草案的针对性就要直面矛盾，抓住人民群众、社会关心的热点、难点和焦点问题，回应关切，重点突破，切实维护人民群众的切身利益。如对人民群众关心的《失业保险条例》，抓住提高保险待遇这个重点，关注相关规定的制度设计，提出修改完善的建议，使人民群众共享改革成果，真正得到实惠。据估算，新条例实施后，失业人员平均每月可领取的失业保险待遇将由2012年的908元增加到1236元；农民工缴费满一年的，平均待遇总额将由2012年的321元增加到1197元。

### （三）规范和完善审议机制

根据《立法法》和有关文件的精神，具有立法权的地方人大都依法设立了法制委员会作为统一审议的机构。近年来，广东省人大常委会法制委员会充分发扬民主，规范和改进法规审议的方式方法，努力完善审议机制，在维护法制统一、克服部门利益倾向、提高立法质量方面进行了积极的探索。

#### 1. 增强法规审议的针对性

法规是否规定得明确具体、是否符合实际是统一审议中关注的重点，法规条文过于原则、过于抽象，不便于操作。因此，法规审议必须扎根于现实生活、接地气。第一，建立和完善常委会组成人员参与立法调研的制度，根据常委会会议审议情况，邀请常委会组成人员就审议中提出的问题开展专题调研，深入基层、深入群众、深入实际，广泛听取意见、掌握立法的第一手资料，为提高法规审议质量打好基础。第二，能具体尽量具体，能明确尽量明确。如审议《安全生产条例》时，对补充细化有关部门职责的规定提出修改完善意见，修改后的法规进一步明确了监管部门重点检查内容、日常检查要求、监管隐患排查等具体措施，力求把政府安全生产监管责任落到实处。

**2. 创新法规表决前评估制度**

立法论证和表决前评估是提高立法质量的重要环节，是把握好出台时机、提高法规的可执行性的重要保证，也是广东省人大常委会学习全国人大常委会立法工作的一个新举措。

立法论证的主要做法是邀请专家、学者、实务工作者和人大代表对立法中涉及的重大问题、专业性问题进行论证，根据论证情况对法规草案作进一步修改，并根据论证会会议纪要制作论证报告，提交常委会会议作为审议法规案的参考。表决前评估的主要做法是地方性法规案提交表决前，从人大代表、专家学者、利益相关方和有实际工作经验的人员中选取代表，对法规案出台的时机、立法可能产生的社会影响、可能影响法规实施的因素和问题等进行预测和研判。同时，委托广东省立法研究评估与咨询服务基地开展评估，提出评估报告。省人大常委会法制工作机构根据各方意见形成评估情况的报告，印发省人大常委会会议作为审议法规案的参考。

2013 年以来，列入审议的省《安全生产条例》《行政审批管理监督条例》等法规案，均严格按照该制度安排向社会各界全面公开征求意见，开展立法前评估，受到社会广泛关注，使立法过程成为引导社会舆论、凝聚各方共识、普及法律知识、增强法制观念的过程，也成为立法机关提升工作水平的过程，为法规正确、有效实施营造了良好的社会氛围。

### （四）创建立法后评估制度

立法后评估，是指评估实施单位根据立法目的，结合经济社会发展要求和上位法制定、修改、废止等情况，按照规定的标准和程序，对现行地方性法规的立法质量、实施效果进行评价的活动。

1. **开创之举**

2011 年 4—8 月，广州市人大常委会对《广州市城镇房地产登记办法》进行了立法后量化评估，这是首次采用量化评估指标体系对地方性法规进行的立法后评估，具有开创性意义。

为保障评估工作的顺利进行，广州市人大常委会法制工委在 2011 年 4 月启动了评估的准备工作：一是制定评估工作方案。二是成立评估组织，包括由 7 名常委会组成人员、4 名法制专业代表小组代表共 11 人组成的评估组和由 5 名常委会立法顾问、3 名立法咨询专家共 8 人组成的专家组。三是建立量化评估指标体系。由于该次立法后评估是广州市人大常员会首次进行量化评估，因此研究建立量化评估指标体系就成为首要任务。为此，法制工委组织专门力量进行讨论研究，根据《办法》的内容，从合法性、合理性、可操作性和实施效果四个方面分别草拟了评估指标和量化评分标准，经反复研究修改，先后十二次易其稿，最终形成了量化评估指标体系。量化评估指标体系包括合法性、合理性、可操作性和实施效果四个一级评估指标和五十个二级评估指标。根据量化评估指标体系设计制作了评估组评分表、专家组评分表和法规实施部门评分表。四是设计了三套调查问卷，委托市统计咨询中心进行民意调查。五是在《广州日报》《南方都市报》《新快报》和广州市人大信息网等媒体上发布评估公告，动员市民群众参与。六是通过新闻媒体公开邀请15名市民代表参加征求意见座谈会。七是通知法规实施部门对立法质量和实施情况进行评估。

该次立法后评估采取法规实施部门对立法质量和法规实施情况进行评估并提交实施情况报告，评估组和专家组联合听取法规实施部门汇报、参加各方面征求意见座谈会听取意见、实地调研，委托广州市统计咨询中心开展民意调查和评估组、专家组、法规实施部门分别量化评分等方式进行。经评估，认为《广州市城镇房地产登记办法》没有与《物权法》等上位法相抵触，内容较为公平合理，制度设计具有较强的针对性和社会适应性，可操作性较强，立法质量较高，实施效果好。该法规颁布施行以来，房地产登记工作较之以前更加规范、便民、高效，“办证难”问题明显缓解，“一房多售”和“重复抵押”问题得到有效解决，房地产交易安全和房地产权利人的合法权益得到有力保障。但是也存在一些问题和不足，如与《物权法》的衔接还不够紧密，宣传效果还不够理想，部分区、县级市房地产登记机构对《办法》的理解不尽一致，导致执行的标准不尽一致。

**2. 建规立制**

2012 年 9 月，广州市为规范和加强市人大常委会立法后评估工作，适时掌握法规的制定质量和实施效果，促进立法质量提高，制定了《广州市人大常委会立法后评估办法》。该《立法后评估办法》共二十六条，对评估主体和对象、评估准备工作、量化评估指标、评估方式和评估程序、评估成果的应用等作了较为全面、合理的规定。按照《立法后评估办法》的规定，市人大常委会法制工委为组织实施立法后评估的综合工作部门，负责立法后评估的组织实施工作，包括编制年度评估计划、制定评估指标、组织开展评估等。

地方性法规施行五年以内应当进行一次评估，但立法后评估办法施行前制定的地方性法规，由法制工委另行制定评估计划，按计划组织评估。对一件法规可以进行全面评估，也可以对其中的部分制度或者部分内容进行评估，包括只对法规设定的行政许可、行政强制或者行政处罚进行单项评估。

开展立法后评估应当成立评估组和专家组。评估组由部分市人大常委会组成人员、市人大代表和市人大常委会相关工作机构的部分工作人员组成，必要时可以邀请市政协委员、公众代表、专家学者等参加；专家组由部分市人大常委会立法顾问和立法咨询专家组成，必要时可以邀请其他专家学者、法律实务工作者参加。评估指标由合法性、合理性、操作性、实效性、协调性、规范性六部分构成，各部分的权重为：合法性 15%、合理性 25%、操作性 25%、实效性 25%、协调性 5%、规范性 5%。

3. **大力推进**

《评估办法》第六条规定，法制工委应当于每年十二月制定下一年度立法后评估计划；第七条规定，地方性法规施行五年以内应当进行一次评估。据此，从 2013 年开始，广州市每年选择三件左右的法规按法定程序和方式进行立法后评估，并将立法后量化评估作为常态化工作予以大力推进。

2013年，根据市人大常委会年度工作要点的安排，法制工委委托华南理工大学广东地方法制研究中心对《广州市大气污染防治规定》《广州历史文化名城保护条例》和《广州市生态公益林条例》三件法规进行了立法后评估。2014年又选择了《广州市市容环境卫生管理规定》《广州市城市轨道交通管理条例》《广州市城市供水用水条例》三件法规进行立法后评估。2015年，委托第三方对《广州市志愿服务条例》《广州市全民健身条例》和《广州市妇女权益保障规定》三件法规进行立法后量化评估。[①]

## 三　扩大立法参与，体现立法民主

立法的过程，实质是不同利益的整合、协调和平衡的过程。平衡各种不同利益要求的最好办法，是让它们

---

① 以上九件法规的立法后评估报告都已在广州人大网公布，网址为 http：//www. rd. gz. cn/page. do？pa = ff8080814501d8df014507d903ff383c（访问时间2016年9月18日）。

都能参与到立法过程中来，把各自的利益要求都充分地表达出来，然后加以整合、协调、平衡，这样才能使制定出来的法规正确反映和兼顾不同方面的利益要求，才能使法规实施更加有效。为此，广东省（市）人大在立法过程中，充分发挥人大代表、立法顾问、专家学者和社会公众的作用，努力实践开门立法、民主立法。对于制定和修改的法规项目，采取公开征求意见、书面征求意见，召开座谈会、论证会等方式广泛听取社会各方面的意见，充分保障了立法的民主性。

### （一）大力推进立法信息公开

早在1999年4月，福建省人大常委会就在《福建日报》上公布了《福建省保护商品房屋消费权益条例〈草案〉》。紧随其后，深圳市人大常委会2000年4月也公布了《经济特区物业管理条例（修订草案）》。此后，地方立法草案的公开数量越来越多，公开渠道越来越广，终于促成了法律草案从个别公开走向普遍公开，开启了中国立法民主化的新局面。

1. **立法信息公开制度**

立法公开是立法参与的基础和前提。广州市人大常委会充分意识到立法民主的重大意义，利用媒体平台，不断创新立法信息公开方式，积极拓展立法信息公开渠道，获得了很好的社会评价。

一是，在《广州日报》等媒体上公布法规草案征求意见。凡是与人民群众利益关系密切的或者比较重要的法规都在《广州日报》上公布，公开征求意见。而且，在公布法规草案时一并公布法规草案注释稿，同时刊登征求意见重点问题提纲。二是，2012 年，在腾讯网和新浪网开设全国人大系统第一个立法官方微博，将所有立法信息和立法项目都在微博中发布和讨论。三是，从 2003 年开始，所有的法规草案都在市人大常委会门户网站上公布，公开向社会征求意见。在制定与人民群众利益关系密切的法规时，还在国际互联网著名门户网站上开展立法民意调查，从 2008 起至今，已将《广州市城市管理综合执法条例》《广州市养犬管理条例》《广州市违法建设查处条例》等十余件法规草案在著名门户网站上进行了民意调查。

### 2. 立法信息汇编制度

广州市于2008年建立立法信息汇编制度，制定每一部法规都委托专业机构编辑《专题信息摘报》，内容包括“现状背景”“焦点探析”“条例对比”和“参考借鉴”四个栏目。以《广州市城乡规划条例》专题信息摘报为例（见表4），其内容充实，为常委会组成人员和法制委委员提供了丰富的立法信息和参考资料。

表4 《广州市城乡规划条例》专题信息摘报

| 现状背景 | 焦点探析 | 条例对比 | 参考借鉴 |
| --- | --- | --- | --- |
| 新时期推进新型城镇化的战略要求；转型背景下城乡规划制定和管理困境；广州新型城市化挑战及发展战略问题；城乡规划法治的现在时态与未来期待；加强城乡规划地方立法的途径思考 | 深化改革城乡规划管理体制模式；城乡统筹下优化乡村建设的规划管理；着力历史文化名城保护的制度建构；完善城乡规划执法法律制度建设；加强规划的公众参与及社会监督 | 关于城市设计的总体要求；关于城乡规划的修改流程；关于免于放验线及工程许可的规定；关于商品房规划变更的管理规定；关于建设工程用途改变的规定 | 兄弟城市城乡规划的制度化探索；上海市提升城市规划水平的经验参考；香港城市规划机构及规划编制实践；国外城乡规划立法的经验与启示；发达国家城市可持续发展规划的模式 |

每部法规的《专题信息摘报》都印发常委会组成人员和法制委委员，起到了提供信息、开阔视野、辅助决策的良好作用。目前《专题信息摘报》的发放范围还未

扩大到全体代表。如果随着立法民主的发展，《专题信息摘报》的发放范围逐渐扩大到全体人大代表、扩大到相关利益人，那么这些专业化的、针对性的立法信息，将会更好地发挥效果，为立法公开、立法民主和立法质量奠定坚实的基础。

## （二）健全立法公众参与制度

### 1. 拓展公众参与渠道

将涉及人民群众切身利益和地方经济社会发展大局的法规草案公开向社会征求意见，拓宽人民群众参与地方立法的途径，是民主立法的关键之举。广东省人大立法特别重视公众的参与度，经过多年的探索和发展，形成了一套常态化、制度化、规范化的法规征求意见工作机制。每一项提请常委会审议的法规，除了书面征求在粤全国人大代表、省人大代表、立法咨询专家以及地级以上市人大常委会、省直有关部门、地方立法基地和高校联盟的意见外，还要在广东人大网、立法专网上公开征求意见。除了一审时征求意见外，二审、三审时也都征求了意见。

为了利用网络新媒体平台，充分发挥互联网微博在民主立法方面的功能，提升公众对立法的参与度，提高立法的民主性和科学性，广州市人大常委会在新浪网和腾讯网设立立法官方微博，用户名为“广州人大立法”（网址分别为 http：//weibo. com/gzrdlf 和 http：//t. qq. com/gzrdfw）。2012 年 5 月，广州市人大常委会出台《广州市人大常委会立法官方微博管理办法》，规定以下立法工作或者活动应当通过立法官方微博向社会公开，通过微博征集立法建议、征询公众意见、讨论立法内容、解答立法询问，征集参加立法听证会和征求意见座谈会的与会代表等：（1）立法计划、规划项目征集及论证；（2）法规案征求意见；（3）立法调研；（4）常委会或者专门委员会对法规案的审议；（5）法规案的通过；（6）法规的批准及公布；（7）立法后评估；（8）法规清理；（9）回应公众的立法意见；（10）其他需要发布微博信息的立法工作或者活动。

**2. 创新立法听证制度**

创新立法听证制度，完善立法听证程序，使立法听证向经常化、制度化的方向发展，是保障立法民主的重要举措。为扩展立法听证的公众参与度，增强立法听证的效果，广州市人大常委会在全国开创先河，建立了网上立法听证制度，受到了社会的广泛关注，吸引了众多网友参与，大大拓展了立法听证的社会影响和公众参与度，听证成效显著，是广州市人大常委会创新地方立法工作机制、大力推进网上民主立法的一次成功实践。

2012 年 11 月 28 日至 12 月 4 日，根据常委会领导的指示和 2012 年度立法工作计划的安排，经常委会主任会议决定，广州市人大法制委员会和常委会法制工作委员会在大洋网成功举行了《广州市社会医疗保险条例》立法听证会，在全国开创了网上立法听证的先河。《广州市社会医疗保险条例》与广大市民群众的切身利益密切相关，是社会各界普遍关注的立法项目。此次立法听证项目的听证事项共有三个：一是具有本市户籍的城乡居民是否都应当强制参加社会医疗保险，如果部分人拒绝参加社会医疗保险应当如何处理；二是职工缴纳社会医疗保险费的最低缴费年限规定为多少年较为合理；三是如何加强对社会医疗保险违法行为的监督管理。辩论议题共有两个：一是规定所有居民都应当参加社会医疗保险是否合理、可行；二是规定职工社会医疗保险基金和城乡居民社会医疗保险基金分别建账、统筹使用、统一核算是否合理。听证人为市人大常委会组成人员、市人大法制委员会组成人员和经济委员会负责人。为动员广大市民群众和社会各界人士关注和积极参与网上立法听证活动，法制工委于2012年11月7—14日通过《广州日报》、大洋网、市人大信息网和常委会立法官方微博，向社会发布公告和消息、公开征集听证陈述人，共有118位市民报名。

听证会收到了远超预期的效果：一是18位陈述人和多达56位的听证人充分陈述和听取了立法意见。二是众多网友积极参与，最广泛地收集了民意。网友对陈述人的观点投赞成票的5172人次，投反对票的262人次，发表评论的919人次，网上点击量多达1220.84万次，创造了网络民主立法公众参与的最高纪录。此后，《广州市城市房屋拆迁管理办法》《广州市生猪屠宰和生猪产品流通管理条例》《广州市社会急救医疗管理条例》《广州市社会医疗保险条例》《广州市公园条例》等立法项目都组织了网上立法听证。

网上立法听证会与以往的传统模式听证会相比具有十分突出的特点和优势。一是打破了传统听证模式的时空局限，显著提升了公众参与地方立法的便利性。传统模式听证会都是在固定场所举行，受时间和空间的限制，只能邀请较少的听证人、陈述人和旁听人在某一固定时间内到某一固定场所参加听证。而相较于传统模式听证会，网上立法听证会特色显著、优势突出，听证人、陈述人和广大网友均无须到某一固定场所，无论是在办公室，还是在家中、路途，无论是在白天还是在晚上，均可随时上网参加听证会，所有网友都可以通过网络媒介观摩和参与听证会的全过程。这一听证模式的创设，为公众参与地方立法提供了最大的便利。二是拓展了民主立法的深度和广度，显著提升了民主立法的实效性。过去召开传统模式听证会，陈述人发表观点和辩论的时间、次数十分有限，除为数不多的陈述人外，广大公众无法参与。而网上立法听证会则不同，陈述人进行陈述、辩论和网友发表意见的场所不受限制，听证会时间增加了十余倍，大大扩展了征集民意的时间和空间。正因如此，广州市民主立法的深度和广度得以大幅拓展、民主立法的实效得以大幅提升。

### 3. 发布公众参与立法指南

为在立法工作中更加广泛地征求公众意见和认真研究采纳公众意见，并使公众更加明确如何参与立法活动，给公众参与立法提供更多的便利，确保公众意见和建议及时、充分表达，广州市人大常委会法制工委于2012年制定了《广州市公众参与地方立法指南》，为公众参与立法提供了详细的“路线指引”。《指南》明确规定公众参与的途径、步骤、方法、要求和市人大常委会提供的各项服务与便利，引导公众在网上查阅法规草案文本提出意见、通过立法官方微博参与立法讨论提出意见、参与网络问卷调查、参与接触互动式立法民意调查、参加立法座谈会和立法听证会等。具体而言，《指南》包括三部分内容:

（1）立法信息发布。市人大常委会编制五年立法规划、年度立法计划和制定每一部法规，都会在《广州日报》、网络媒体和市人大常委会立法官方微博（以下统称媒体）上发布征集五年立法规划建议项目、年度立法计划建议项目和征求法规意见的公告，并在市人大常委会门户网站（http：//www. rd. gz. cn）上公布征求意见的法规草案或法规修改草案及其注释稿。

（2）征求意见方式。征求公众意见的方式包括：在媒体发布立法信息；在网络进行问卷调查；现场开展立法问卷调查；召开立法座谈会听取意见；召开立法顾问、立法咨询专家论证会听取意见；召开立法听证会（包括网络立法听证）听取意见；通过市人大常委会立法官方微博进行立法讨论。

（3）参与方式。参与立法活动的方式分为自行参与、报名参与和邀请参与三种。

可见，《指南》对公众如何参与各种立法活动，包括如何获悉立法信息等都提供了明确、具体的指引，可以说，一本《指南》在手，参与立法活动就能心中有数。为最大限度地发挥《指南》的引导作用，吸引公众关注、参与立法工作，市人大常委会法制工委还组织开展了一系列宣传活动。

**4. 建立公众意见采纳与反馈机制**

任何人都不愿意重复没有效益的行为，因此，如果一个人在参与决策过程中提出的意见不被考虑，或者没有被充分地尊重和考虑，又如果他的参与对决策结果的影响力几乎没有，或者比较小，那么他的“政治效能感”[①] 就会受到挫折，参与的积极性也会减退。因此，对公众在参与立法过程中提出的意见和建议，建立分析采纳和反馈制度，是提高公众立法参与积极性的重要举措。目前，公众参与立法过程中提出的意见纷繁复杂、层次不一，有的意见甚至相关性不强，一一反馈确实存在困难，这也是公众参与立法中备受争议的薄弱环节。尽管建立公众意见和建议反馈机制的可能性和必要性还有待进一步讨论，但是认真对待和积极吸纳公众提出的意见是立法民主的必然要求，否则公众参与立法便徒有形式上的意义了。为此，广州市人大法制委员会坚持对公众提出的意见在统一审议时逐条研究，常委会审议时再次对公众意见进行研究，凡可采纳的意见，均予采纳。而且，在法规正式公布实施后，在网络等媒体上向公众

---

① 政治效能感也称为政治能力感，是相信自己能力的一种政治态度。政治效能感与政治参与之间存在着一种积极的正相关关系。参见［美］卡罗尔·佩特曼《参与和民主理论》，陈尧译，上海世纪出版集团 2006 年版，第 45 页。

反馈采纳意见的情况，激励公众持续参与。

### （三）创新人大代表参与立法制度

广东省人大常委会坚持多方面、多层次发挥代表在立法中的重要作用：一是每一项提请常委会审议的法规，都要将法规的征求意见稿以电子邮件和信函的形式发送在粤的150名全国人大代表和787名省人大代表书面征求意见。二是认真研究办理代表的立法建议和议案，条件成熟的及时列入立法计划并积极推动有关部门开展起草工作，有效提高了代表提出立法建议、议案的积极性。如2013年就根据代表建议把《广东省城乡生活垃圾分类与处理条例（草案）》列为预备法规项目。三是年初将常委会当年的立法计划发给全体代表，由代表结合自身的工作和所关注的问题，选择报名参与具体的立法项目，在法规起草、调研过程中，加强与代表的联系，通过座谈会等方式有针对性地向熟悉情况的代表征求意见，有条件的还直接邀请代表参与立法调研和起草协调等工作。四是每次常委会都邀请一些熟悉和了解所审议法规草案情况的代表列席会议，并召开座谈会，认真听取、研究和采纳代表意见。

### (四) 加强专家参与立法制度

专家参与立法的主要途径：一是组建地方立法研究评估与咨询服务基地。为推进民主立法、科学立法，省人大常委会与中山大学、华南理工大学、广东外语外贸大学、暨南大学、广州大学、广东海洋大学、嘉应学院、韩山师院、韶关学院合作建立了广东省地方立法研究评估与咨询服务基地，并由中山大学牵头成立了地方立法基地高校联盟。省人大常委会制定了《地方立法研究评估与咨询服务基地工作规定》，9 所高校主要是参与和组织广东省人大常委会委托开展的法规起草、评估、听证、调研、理论研究、信息收集等活动。二是组建立法咨询专家库。在广泛接受社会报名和层层筛选的基础上，省人大常委会主任会议经无记名票决方式，从 74 名候选人中选取了 66 名法律专业人士以及财政经济、城建环保、农业农村、科教文卫、民族宗教、语言文字等方面的专家作为立法咨询专家。为更好地强化专家参与立法的责任感，主任会议制定了《立法咨询专家工作规定》，对专家咨询的范围、职责、程序、经费保障等作了明确规定。

## 四　探索先行性立法，发挥立法引领作用

广东处于改革开放的前沿，市场发育程度较高，社会经济发展正全面进入转型期，迫切需要进一步深化改革开放。2008 年 12 月 17 日，国务院审议通过《珠江三角洲地区改革发展规划纲要》，授权广东“科学发展，先行先试”，为发展中国特色社会主义创造新鲜经验，广东再次成为中国改革的重要试验田。此轮改革，从经济体制、行政体制、社会管理、金融体制等方面综合布局，协同推进，为广东的发展带来了新的生机。

省人大常委会立足广东省是改革开放的前沿阵地和对外窗口的实际，秉承“敢为天下先”的创新精神和包容开放的务实态度，坚持以科学发展观为指导，务实创新、先行先试，以时不待我的紧迫感和只争朝夕的实干精神推进地方立法，使制定的法规能够服从服务于大局，并体现最广大人民群众的根本意愿，始终保持地方立法

重点突出、精品纷呈的良好态势，较好地发挥了法规对广东省经济社会发展的规范、引导、保障和促进作用。

### （一）先行性立法应妥善处理的四点关系

#### 1. 先行先试与法制统一的关系

随着广东省进入改革发展的关键时期，地方立法工作也到了破解改革难题、突破传统思维定式的关键时刻，相对容易的法规多数已经制定，尚未立法的事项大多触及深层矛盾和冲突，而且，一些早期制定的法规已经严重滞后，亟待修改的内容往往是改革的难点，修改一个条款的难度甚至超过制定一项新法规。在这种形势下推动改革、实现突破，必然涉及利益关系调整，尤其是法律关系的调整，其实质便是重要复杂、涉及面广、敏感度高、影响巨大的权利和利益的再分配，这要求地方立法者必须在实践中以高度的政治责任感和使命感，认真贯彻落实依法治国基本方略，在符合法治精神和原则的前提下，慎重处理好立法与改革的关系，处理好先行先试与法制统一的关系。

近年来，人大常委会立足于推动广东省经济社会发展先行一步，从当前广东省发展内外环境和客观需要出发，适应新形势、新任务、新要求，统筹谋划立法工作全局，将立法工作与深入贯彻落实科学发展观有机统一起来，充分发挥“立法试验田”作用，始终围绕经济建设中心、围绕省委工作部署，突出经济转型升级、社会民生热点等立法重点领域，在维护国家法制统一的前提下先行先试、积极探索，制定了一批先行性、创新性地方性法规，为广东省改革、发展和稳定提供了有力的法制保障，也为国家立法提供了鲜活经验。

**2. 先行先试与地方特色的关系**

如前所述，根据《立法法》，法律赋予省、自治区、直辖市和设区的市人大及其常委会立法权，就是让这些地方根据本地具体情况和实际需要，在不同宪法、法律、行政法规相抵触的前提下制定地方性法规，创造性地解决本地区经济和社会发展中需要通过立法解决的问题。

实践中，相较于实施性立法，自主性、先行性立法的针对性和地方特色更强，更能较好地解决本地区的实际问题。可以说，地方特色是地方先行性立法的生命力之所在，脱离了地方实际，不解决实际问题，地方先行性立法也就失去了存在的意义。在推动自主性及先行性立法的过程中，广东省坚持从南粤发展实际需要出发，突出地方特色，先后制定《广东省土地利用总体规划条例》《实施珠江三角洲地区改革发展规划纲要保障条例》《自主创新促进条例》《公共文化服务促进条例》《农村扶贫开发条例》等多部地方性法规，确保出台的每一部法规既有别于国家法律、行政法规，又有别于其他地区制定的地方性法规，具有南粤地方鲜明特色，充分反映和体现了广东省经济社会发展的特殊情况和实际需要，具有较强的针对性和可操作性，在贯彻实施中收到了较好的效果。

**3. 固化经验与灵活前瞻的关系**

当前，广东省改革事业已进入“深水区”，亟须通过地方立法为进一步深化改革“鸣锣开道”“保驾护航”。在新形势下，如何更好地发挥地方立法对改革的引领和保障作用？首先，注重通过先行先试、制定地方性法规推进体制机制创新，破除制约改革发展的体制机制障碍，努力把南粤地方立法优势转化为法治优势、发展优势，及时将改革的成功做法以立法的形式肯定和固化，以巩固和发展改革的成果，使改革沿着法治的轨道顺利进行。

其次，注重提高南粤立法的前瞻性，着眼于法律规范的稳定性与体制改革的变动性，积极稳妥地推动地方立法，为进一步改革发展预留空间。在推进改革的进程中，着力防止“泛立法”倾向，即遇到问题，不分青红皂白，不问原因，一味强调立法解决。对于一些尚处于探索、试验阶段的新兴事物以及实操性事项，一般通过制定改革方案、出台规范性文件的方式进行规范调整。

最后，注重将固化经验与灵活前瞻统一于先行先试实践，紧密结合广东省地方工作重点，制定具有鲜明特点及前瞻性的地方性法规，以保障和促进广东省的改革与发展。近年来，广东省人大常委会充分考虑经济社会发展需要，在通过地方立法固化改革经验成果的同时，注重强调法规的前瞻性，通过扩大省人大代表参与立法工作的范围、创新人大代表活动方式、加大重点立法工作基础调研力度、适时清理地方性法规等形式，对改革发展稳定中出现的新情况、新问题，如自主创新、高校学生实习与就业、公共文化服务促进、农村扶贫开发等，及时进行实践经验成果梳理与立法前瞻性研究，根据形势变化进行调整，顺利推进相关项目的立法工作。

**4. 实际需要与实现可能的关系**

在地方立法实践中，先行先试的实际需要与实现可能是辩证统一的关系，脱离实际需要与实现可能两者之一而空谈先行先试没有任何意义。首先，先行先试立法必须以实际需要为基础。一直以来，广东省人大常委会着眼于南粤经济社会发展，着眼于热点民生话题，充分考虑诸如劳动就业、物业管理、农村扶贫、环境保护、土地利用等方面遇到的新情况、新问题，注重通过基层调研、科学论证等方式深入体察民情、倾听百姓呼声，综合掌握通过先行性立法解决问题的实际需要，有效确保了地方立法工作"有的放矢"。

其次，先行先试立法必须具备实现可能。在密切联系南粤经济社会发展实际的同时，高度关注立法目标实现的可能性，着重增强先行性立法的针对性和可操作性，确保新出台的法规有得用、行得通、守得住，而非一纸空文，避免制度设计成为无源之水、无本之木。

最后，要在确保国家法制统一的基础上综合考量先行先试立法的实际需要与实现可能。广东省人大常委会始终立足于维护国家法制统一，坚持地方立法不能脱离当前中国发展实际，尤其不能脱离本省实际，强调先行先试不是“突破”国家法律的规定，不能讲唯有突破才算是先行先试，突破只能是突破约束生产力发展的体制性障碍，不是突破国家法律的现行规定，确保南粤立法在“不抵触、可操作、有特色”的大框架下实现先行先试实际需要与实现可能的有机统一。

### （二）近年广东省地方立法先行先试的经验与成效

中国特色社会主义法律体系的形成和完善，要求地方必须适应经济社会发展要求制定质量高、有特色的法规，发挥先行先试、拾遗补漏的作用。在新的发展形势下，广东省经济体制改革、政治体制改革、城乡统筹建设等许多方面走在全国前列，需要通过立法来巩固和维护改革、发展、创新的成果，因此，开展创新性、先行性立法仍然是广东省地方立法的重要任务。广东省人大常委会将如何把好的立法项目转化为符合该省实际需求、契合百姓利益诉求的高质量法规作为工作“重中之重”，自觉将“敏于行”这一新时期广东省精神融入地方立法实践，以敢为人先的担当和勇气，着力创新工作机制、完善制度，深耕精耕“立法试验田”，在探索先行性立法方面进行了有益的尝试，顺利完成《实施珠江三角地区改革发展规划纲要保障条例》和《广东省自主创新促进条例》等创新性立法。

1. **探索区域立法新实践**

着眼于推动珠江三角洲地区在新历史时期科学发展、改革创新，促进区域经济发展一体化，给力建设“幸福广东”，聚焦国家战略，以地方性法规保障国家重要区域发展规划实施，制定了《实施珠江三角洲地区改革发展规划纲要保障条例》。珠江三角洲地区是我国改革开放的先行地区，是我国重要的经济中心区域，在全国经济社会发展和改革开放大局中具有突出的带动作用和举足轻重的战略地位。在改革开放30周年之际，国务院从国家战略全局和长远发展出发，制定了《珠江三角洲地区改革发展规划纲要（2008—2020年）》，明确了规划纲要是指导珠江三角洲地区当前和今后一个时期改革发展的行动纲领和编制相关专项规划的依据。作为国家战略，规划纲要提出了珠江三角洲地区的五大定位：“科学发展模式试验区、深化改革先行区、扩大开放的重要国际门户、世界先进制造业和现代服务业基地、全国重要的经济中心”，这是中央对珠江三角洲地区发展的期望，也是珠江三角洲地区当前和今后一个时期改革发展的方向。珠江三角洲地区改革发展规划纲要上升为国家战略，广东省再获全国改革“试验田”重任，以创新性立法保障国家级纲要实施势在必行，条例在这一时代大背景下肩负神圣使命应运而生。条例提纲挈领，以地方性法规的形式保障国家级战略顺利实施，突出规划纲要指导地位，鼓励探索，先行先试，聚焦基础设施建设、产业布局、城乡规划、环境保护、基本公共服务等关键领域，建立健全保障制度，着力促进区域协调发展，进一步深化改革创新与依法行政，为推动珠江三角洲地区在新的历史时期实现科学发展提供了法制保障。

**2. 探索保障先行先试新制度**

及时总结各地在实践中创制出来的、行之有效的改革和发展的新做法、新经验，把实践证明正确的、成熟的改革成果和经验通过立法肯定下来，使之制度化。制定了全国第一部规范促进自主创新活动的地方性法规——《广东省自主创新促进条例》，在全国范围内引起广泛关注。广东省在改革开放和现代建设事业取得辉煌成就的同时，也日益暴露出土地、空间、资源、环境四个方面难以为继的问题。在省委主要领导的高度重视和相关部门的积极参与下，广东省人大常委会深入总结广东省改革开放以来自主创新的经验成果，通过先行性地方立法着力消除了制约科技进步和创新的体制机制障碍，通过建立完善研究开发与创造成果、创新成果转化与产业化、创新型人才建设与服务等方面的激励机制，发挥了自主创新对经济社会发展的支撑和引领作用。

3. **探索破除体制机制障碍新机制**

针对广东省综合改革试验工作的需要，做出《关于促进和保障佛山市顺德区综合改革试验工作的决定》。2009 年 8 月，省委、省政府下发了《关于佛山市顺德区开展综合改革试验工作的批复》，同意佛山市顺德区继续开展以落实科学发展为核心的综合改革试验工作，赋予顺德区行使地级市的管理权，要求顺德区深化行政管理体制改革，先行先试，实行大部门体制；理顺与镇（街）财权事权，增强镇（街）活力。经过一年的探索，综合改革试验工作取得显著成效。为巩固顺德区改革的成果，2010 年 9 月，广东省人大常委会做出《关于促进和保障佛山市顺德区综合改革试验工作的决定》，依法支持和保障顺德区科学发展、先行先试，明确充分发挥顺德区综合改革试验区的示范作用，对广东省进一步深化改革、加快经济发展方式转变、推动科学发展具有积极意义；规定顺德区按照省政府赋予的地级市管理权限，可以行使省人大及其常委会制定的地方性法规规定由地级市政府及其工作部门行使的行政管理权。从法制层面支持和保障顺德区开展以大部制改革、简政强镇事权改革和省直管县试点改革为重点的综合改革试验工作。

**4. 探索落实诉访分离新规定**

2014 年 3 月 27 日，广东省人大常委会通过了《广东省信访条例》（以下简称《条例》）。《条例》是广东省贯彻落实党的十八大、十八届三中全会和习近平总书记系列讲话中关于信访制度改革的精神的重要举措，是全国第一个贯彻落实党的十八届三中全会精神的地方性法规。《条例》不仅贯彻落实了十八届三中全会精神关于信访工作的部分，还贯彻了十八届三中全会在政治、经济、文化等方面建设的要求。《条例》是全国第一个全面落实诉访分离制度，把信访工作纳入法治化轨道的地方性法规。2012 年以来，中央提出了诉访分离的原则，2013 年中央政法委在纪念毛泽东同志批示“枫桥经验”50 周年大会上又提出就地化解矛盾的要求，中共中央办公厅和国务院办公厅也提出具体的意见。《条例》具体落实中央有关诉访分离的要求，告诉、引导、规范信访群众对涉及法定途径解决的问题，要到公、检、法等机构按法定程序处理。同时，《条例》也是广东省第一个委托多个第三方起草，充分调动各方面积极性，广闻博采、集思广益的地方性法规。

## 五　突出重点领域立法，完善法律法规体系

按照《法治广东建设五年规划（2011—2015 年）》的要求，科学把握立法时机和立法规律，重点围绕经济社会发展大局，充分发挥省、经济特区、设区的市、民族自治地区等立法主体的作用，加强实施性、自主性、先行性地方立法，促进中国特色社会主义法律体系的完

善。全面实施广东省人大常委会立法规划，着力推进以改善民生为重点的社会领域立法，推进以促进自主创新和加快经济发展方式转变为重点的经济领域立法，推进资源节约型和环境友好型社会发展立法，推进深化行政管理体制改革、发展社会主义民主法治的立法。

### （一）加强社会领域立法，改善民生

让人民群众过上幸福生活，是加强和创新社会管理的根本目的。因此，社会管理应该认真实施体现科学发展的良法，积极开展促进社会和谐的善治，从片面追求经济增长速度转向提高经济发展质量，从片面追求 GDP 转向更加重视民生幸福，更加自觉地投身加快转型升级、建设幸福广东的宏伟事业。具体到立法，就是要贴近实际，反映经济社会发展和市民群众的实际需要，重点开展社会建设领域等方面的立法。例如制定《广东省农村扶贫开发条例》，确立政府主导、社会参与、自力更生的原则，强化政府责任，规范扶贫开发措施，明确扶贫资金来源，建立脱贫激励机制和监督管理制度，鼓励和支持社会各方积极参与扶贫开发工作，推动农村贫困地区、贫困人口脱贫致富和城

乡统筹协调发展；制定《广东省公共文化服务促进条例》，拓宽服务渠道，促进公共文化服务事业健康发展，满足人民群众不断增长的精神文化需求；修订《广东省工伤保险条例》，扩大参保范围，提高补贴标准，建立工伤康复及保险待遇先行支付制度，进一步保障职工权益；修订《广东省劳动保障监察条例》，完善欠薪预警机制，加大对违法欠薪行为的打击力度，维护劳动者的合法权益；审查批准《广州市募捐条例》《深圳市实施〈中华人民共和国人民调解法〉办法》等。

### （二）注重经济领域立法，促进转型升级

作为经济发达的沿海城市，广东省致力于建立健康、有序的市场经济环境。在经济领域立法上，加强促进转型升级的立法，推动经济发展方式转变。

为推动珠三角地区科学发展、先行先试提供法律保障，抓好保障国家发展战略实施的区域性立法。制定《广东省实施珠江三角洲地区改革发展规划纲要保障条例》，突出规划纲要的指导地位和刚性作用，鼓励探索，先行先试，建立组织协调、争议处理、信息共享、法制

协调、评估考核等机制，抓住基础设施建设、产业布局、城乡规划、环境保护、基本公共服务等关键领域，推进区域经济社会发展一体化。

紧扣广东省经济转型升级的实际，抓好促进经济发展方式转变的核心领域的立法，制定《广东省自主创新促进条例》，着力消除制约科技进步和创新的体制性、机制性障碍，建立和完善研究开发与成果创造、创新成果转化与产业化、创新型人才建设与服务等方面的激励机制，更好地发挥自主创新对经济社会发展的支撑和引领作用。这部法规凝聚了广东省改革开放以来自主创新的经验成果，是国内第一部规范促进自主创新活动的地方性法规，在全国引起广泛关注。

制定《广东省专利条例》，细化发明创造激励措施，明确促进专利应用做法，保护专利权益，推动发明创造产业化。制定《广东省城乡规划条例》，加强对建设项目选址、用地、工程的规划管理，加大对历史建筑、历史文化保护区、自然风貌区的保护力度，促进城乡经济社会可持续发展。制定《广东省渔港和渔业船舶管理条例》，修订《广东省测绘条例》，进一步规范相关事项的管理。审查批准了《广州市信息化促进条例》《汕头市港口条例》等法规。

### （三）加强生态环保领域立法

广东省省委、省政府高度重视环境保护，坚持把加强环保工作和依法治省紧密结合起来，采取一系列创新举措，确保环保法律法规和中央各项环境保护决策部署落到实处。2011 年省委、省政府出台了《关于进一步加强环境保护推进生态文明建设的决定》，明确提出了建设法治环保、实行从严从紧的环保政策等一系列推进新时期环保工作的新理念和新举措。

为了引领和带动资源节约型和环境友好型社会的建设，广东省人大常委会注重加强生态环保领域立法，通过立法促进绿色发展、循环发展、低碳发展，先后颁布实施了 11 件省级地方性环保法规和 5 件省政府规章，涵盖了水、大气、噪声、固体废物、核与辐射等环境管理领域，初步形成了广东特色的地方环保法律法规体系。

一是在立法过程中，始终坚持先行先试，勇于创新，出台了全国首个跨行政区域河流水质管理的地方性法规，率先立法确立了区域大气污染联防联治、流域区域限批、机动车环保标志等多项环境管理制度。特别是以省人大决议的形式，颁布实施《广东省环境保护规划纲要》和《珠江三角洲环境保护规划纲要》，创新提出生态功能分区管理的举措，开创了我国法制保障环保规划实施的先河。

二是推进节能节材方面的立法。制定《广东省民用建筑节能条例》，建立新建建筑全程节能监管制度，明确既有建筑节能改造要求，促进可再生能源利用，提高建筑节能效能。修订《广东省节约能源条例》，建立健全节能目标责任制和评价考核制度，强化节能管理和激励措施，推动全社会节约能源。

三是推进资源合理利用方面的立法。制定《广东省土地利用总体规划条例》，建立完善土地利用规划编制、审批、修编修改、实施等制度，促进土地资源的有序、可持续利用。制定《广东省东江西江北江韩江流域水资源管理条例》，建立健全流域管理与行政区域管理相结合的管理体制，完善流域水资源规划，推动流域水量合理分配和调度，强化流域水资源保护，充分发挥流域水资源的综合效益，实现流域水资源可持续利用。制定《广东省实施〈中华人民共和国循环经济促进法〉办法》，推动建立生产流通消费领域减量化、再利用、资源化的运行机制，促进减少资源消耗和废物产生，提高资源利用效率，实现可持续发展。

四是推进环境保护方面的立法。制定《广东省实施〈中华人民共和国海洋环境保护法〉办法》，推动解决重点海域排污、沿海生活污水处理以及海洋环境监管、珍稀海洋动物保护等问题。修订《广东省机动车排气污染防治条例》，进一步明确各部门职责，强化监管手段，完善机动车排气检测工作。制定《广东省森林公园管理条例》，规范森林公园的规划、建设、利用、管理和保护，优化生态环境，促进生态效益、社会效益和经济效益相统一。

## 六　健全备案审查与法规清理制度，维护法制统一

### （一）创新备案审查工作机制

《立法法》第七十二条第二款规定：“设区的市的

地方性法规须报省、自治区的人民代表大会常务委员会批准后施行。省、自治区的人民代表大会常务委员会对报请批准的地方性法规，应当对其合法性进行审查，同宪法、法律、行政法规和本省、自治区的地方性法规不抵触的，应当在四个月内予以批准。”因此，审查、批准市级地方性法规，是省级人大常委会立法工作的一个重要组成部分。

**1. 备案审查工作机制建设**

（1）建章立制，为提高法规审查质量和工作效率提供制度保障。2009 年 1 月，广东省人大常委会机关正式在法工委组建了备案审查处。组建伊始，为建立健全审查程序，不断提高工作效率，保证报批的法规按时通过，开展了建章立制的工作。

一是制定《法工委法规审查工作程序》。该工作程序共 25 条，基本上规范了市级法规审查以及自治条例的协助审查的全部工作程序和要求，对进一步加强法规审查工作，明确法工委备案审查处和相关处室在法规审查工作中的职责，提高法规审查质量和工作效率起到了标尺性的作用。

二是制定办理审查批准市级地方性法规工作流程图。依据《法工委法规审查工作程序》，在总结审查批准较大的市法规经验的基础上，结合新时期审查批准工作的要求，将审查批准法规工作的全部流程按照工作的先后顺序依次明确，使审查批准法规的工作程序一目了然，便于操作。

三是制定办理审查批准市级地方性法规工作动态登记表。将报批法规名称、市人大召开多方协调会情况、备案审查处提前介入以及复函情况、市人大采纳意见情况，以及法工委办公会议、法委全会、省人大常委会主任会议、常委会会议审查和表决情况，以及法规公告、报备等情况及时间要求等重要信息在一张表上进行及时填写，实现对法规审查全过程的实时跟踪。

（2）掌握年度立法计划及完成进度，增强法规审查工作的计划性。备案审查处与有立法权的市人大立法部门保持密切的经常性联系。每年年初，备案审查处要求市上报年度立法计划情况，力争在每年 4 月份前后全部了解和掌握市当年的立法计划。同时，随时掌握各地完成立法计划的进度，适时调整工作安排，保证法规审查的时效性，增强法规审查工作的计划性。

（3）抓好提前介入及征求意见办理工作，尽量将合法性问题解决在法规案提请审议通过之前。备案审查处通过提前介入，有相对充足的时间对市级法规草案进行研究和论证，提出修改意见和建议。实践证明，这一方法能够将审查时发现的问题，在市人大常委会表决通过前解决，有利于提高法规质量，能够确保省人大常委会审查批准工作顺利进行。

一是将提前介入及征求意见办理工作作为法规审查的工作重心之一。收到市征求意见的地方性法规草案材料后，经办人员及时送省人大有关委员会、省直有关单位征求意见，并同时送相关业务处室征求意见。在认真研究法规草案和反馈回来的意见的同时，经办人员将主要精力放在法规草案的自行研究上，对法规草案逐条分析，全面把握法规草案的立法情况，重点对其合法性进行审查把关，并同时研究存在的其他主要问题，形成初步审查意见后，提交备案审查处集体研究，并将研究结果向委员会领导汇报。对合法性方面的问题，在规定时间内向市法（工）委书面反馈意见。

二是坚持跟踪了解市人大常委会对初步审查意见的采纳情况。备案审查处对没有采纳的合法性方面的意见，及时向委员会领导报告，形成书面意见再次反馈给市法（工）委，尽量将合法性问题解决在该法规案提请审议通过之前。

三是及时转交省直有关方面提出的非合法性方面的意见，供市人大研究参考。目前，尽管省人大有关委员会、省直有关单位对较大的市的法规征求意见工作很配合，但总体反馈质量不高，大多流于形式，规范性意见多，合法性意见少；部门性意见多，全局性意见少。

（4）精心起草法规审查要点，从管理体制、行政许可、行政强制、财政补贴补偿、法律责任等方面把好报批审查关。作为备案审查工作的重点内容，起草法规审查要点首先要吃透相关上位法的立法精神。既吃透报批法规的内容，又吃透相关的国家法律、行政法规以及省的地方性法规，在此基础上，将报批法规与国家法律、行政法规以及省的地方性法规逐条对照，从立法宗旨到具体条文的设计通盘考虑，紧紧把握合法性审查原则，确保法规不与上位法相抵触。其次，通过起草法规审查要点把好法规的报批审查关。经过不断探索，不仅每一件法规都要形成书面审查要点，而且法规审查要点已经形成了相对成熟的固定格式，主要包括立法依据、审查的几个主要方面、前期所提的初步审查意见、征求意见综合等内容。其中，审查的几个主要方面是审查要点的核心内容，需要从管理体制、行政许可、行政强制、财政补贴补偿、法律责任等方面提出涉及合法性的审查意见，从而把好法规的报批审查关。

**2. 积极推进主动审查工作**

主动审查是指在没有国家机关、社会团体、企业事业组织以及公民提出审查要求或者审查建议的情况下，省人大常委会有关工作机构主动履行法律监督职责，依照规定的程序和方式，对有关国家机关报送备案的规范性文件进行审查，确认其是否存在不合法、不适当情形的活动。

目前全国各地的规范性文件备案审查，一般都是被动审查。为进一步加强规范性文件审查工作，强化法律监督职能，广州市人大常委会开拓创新，于 2012 年 12 月，在全国率先制定了《广州市人大常委会规范性文件主动审查办法》。根据《主动审查办法》第四条的规定，法制工委从 2013 年开始正式启动规范性文件主动审查工作。

2013 年 3 月，法制工委在征求常委会其他工作机构和办事机构的意见基础上，经常委会秘书长和分管领导审定后，形成《广州市人大常委会 2013 年度规范性文件主动审查计划》(以下简称《主动审查计划》)。《主动审查计划》从 2012 年报备的 72 个规范性文件中确定了《广州市学校安全管理规定（试行)》《广州市城乡居民社会养老保险试行办法》《关于全面推进餐饮业环境管理进一步强化污染综合整治的意见》《关于解决生产经营场所场地证明若干问题的意见》和《广州市农村村民住宅规划建设工作指引（试行)》5 件涉及市民群众切身利益、社会普遍关注的规范性文件进行主动审查。经审查，5 个文件未发现与上位法明显相抵触或不一致的情形，但个别条文表述不严谨。鉴于这些情况，广州市十四届人大常委会第四十二次主任会议决定，不向市政府发出审查意见书，但是，建议市法制办今后在修改这些规范性文件时，注意对不严谨的相关条文进行修改。

### 3. 重视公民建议类备案审查

认真审慎做好公民建议类备案审查工作，既是对公民提出意见、建议权利的尊重，又有利于立法机构及时发现立法中可能存在的问题。广州市人大常委会对公民提出的书面审查建议，均及时进行了审查和处理。如2013年4月，有市民向人大常委会提交《公民建议书》，对市政府39号文提出异议。另有市民针对39号文和政府6号文向市政府提出意见。市人大法工委按照常委会领导的指示，快速反应、快速应对，在短时间内查阅和研究大量法律、法规和政策文件，两次都是在当天就完成研究论证，第二天提出法律意见报告，为妥善解决相关问题发挥了较好的作用。

## （二）全面清理地方性法规

在法治框架内推进改革，是推进全面深化改革的基本要求。这就要求立法工作必须围绕全面深化改革来部署和开展，切实发挥立法的引领和保障作用，实现立法决策与改革决策相结合，同步推进，保障改革在法制框架内推行。一些问题在法律上不明确、有缺项的，要通过立法做出明确规定；有的法规不符合全面深化改革要求的，要抓紧修改或者废止；对于那些涉及需要修改现行法规的改革措施，要先按照法定程序做出修改，做到先修法、再推行。因此，为充分发挥地方立法在全面深化改革中的制度保障作用，破除妨碍科学发展的体制机制障碍，推动广东省在若干重要领域和关键环节率先启动改革和进行试点工作，实现立法决策和改革决策相结合、开展地方性法规全面清理工作是十分迫切和必要的。

2014 年 3 月 27 日，广东省第十二届人民代表大会常务委员会第七次会议审议通过了《广东省人民代表大会常务委员会关于全面清理地方性法规和进一步完善地方性法规案审议程序的决定》，决定 2014 年对广东省现行有效的地方性法规进行全面清理，修改、废止一批与全面深化改革不相适应，与国家法律、行政法规不一致的地方性法规。

具体而言，此次地方性法规全面清理的范围是省人民代表大会、省人大常委会 1979—2013 年制定和修改的全部现行有效的地方性法规 224 项：一是根据《中共中央关于全面深化改革若干重大问题的决定》和省委实施意见，对广东省现行有效的地方性法规进行逐项清理，修改、废止与全面深化改革任务和要求不适应的地方性法规。二是按照十八届三中全会关于企业投资项目，除关系国家安全和生态安全、涉及全国重大生产力布局、战略性资源开发和重大公共利益等项目外，一律由企业依法依规自主决策，政府不再审批，市场机制能有效调节的经济活动，一律取消审批；直接面向基层、量大面广、由地方管理更方便有效的经济社会事项，一律下放地方和基层管理的精神，清理地方性法规中的行政许可和非行政许可审批事项，提出保留、修改和废止的建议；同时，清理与负面清单管理方式改革不适应的地方性法规，及时修改、废止相关法规。三是修改、废止与已经修改的法律、行政法规不一致、相抵触的地方性法规。

# 第三章　省级地方立法现状的大数据分析

## 一　数据选择及分析方法

### （一）数据选择

报告拟对2016年8月15日之前中国4个直辖市、5个自治区、22个省的人民代表大会及其常务委员会的地方性法规进行全面分析统计。统计数据的唯一来源是中国人大网（www. npc. gov. cn）主办的中国法律法规信息库（law. npc. gov. cn），该数据库“基本涵盖现行全部法律法规”①。

① 参见中国法律法规信息库介绍（http：//www. npc. gov. cn/npc/xinwen/2016 -03/09/content_ 1974658. htm）。

通过数据库的高级搜索功能，在“制定机关”一栏选择“地方人大及其常委会”，再分别以31个省（自治区、直辖市）的名称为关键词提取各省的地方性法规数据，共得到7661条结果，经分析，其中部分结果重复，并且还存在错误收录较大的市的地方性法规和自治州、自治县的自治条例和单行条例的现象，经人工剔除，得到7145条结果即原始数据。

在这7145条数据中，包含了各省（自治区、直辖市）人民代表大会及其常务委员会的决定、决议，以及少量答复、程序、意见、公告、方案、解释、要点等文件。按照立法的程序、省人大常委会的审批程序、法律性文件的名称等形式要件来看，地方人民代表大会通过的答复、程序、意见、公告、方案、解释、要点不属于地方性法规。但是，按照实质性标准和立法实务中的情况，中央和地方人大及其常委会的部分决议、决定、解释等文件也具有法律和地方性法规的性质，比如国务院新闻办公室《中国的法治建设（2008）》白皮书附录列入的229件现行有效法律中，就包含了11项决定和决议；[①] 此外前文表1中列举的1982年现行宪法颁行前的地方性立法中，也包括一些决议、决定、规定等形式的实施性立法。更应关注的是，如前文关于“地方立法权的范围”中所述，由于人大立法与政府立法的事权划分、人大立法与人大决定权的事权划分都不明确，因此地方立法实践中大量本应属于地方性法规的立法事项，往往由政府规章或人大决议决定来规范，这种现象在市一级的地方立法中尤为突出。目前，在理论界和实务界对决议和决定是否属于法律或地方性法规尚无明确的、一致的判断标准，官方亦没有发布权威、完整的法律和

① 这些决议、决定有：《全国人民代表大会常务委员会批准国务院关于劳动教养问题的决定的决议》《全国人民代表大会常务委员会批准国务院关于华侨捐资兴办学校办法的决议》《全国人民代表大会常务委员会关于批准〈国务院关于安置老弱病残干部的暂行办法〉的决议》《全国人民代表大会常务委员会批准〈国务院关于劳动教养的补充规定〉的决议》《全国人民代表大会常务委员会关于批准〈国务院关于老干部离职休养的暂行规定〉的决议》《全国人民代表大会常务委员会关于在沿海港口城市设立海事法院的决定》《全国人民代表大会常务委员会关于批准中央军事委员会〈关于授予军队离休干部中国人民解放军功勋荣誉章的规定〉的决定》《全国人民代表大会常务委员会关于批准〈广东省经济特区条例〉的决议》《全国人民代表大会常务委员会关于批准〈国务院关于工人退休、退职的暂行办法〉的决议》《全国人民代表大会常务委员会关于批准〈国务院关于职工探亲待遇的规定〉的决议》《全国人民代表大会常务委员会关于外商投资企业和外国企业适用增值税、消费税、营业税等税收暂行条例的决定》。

地方性法规目录的情况下，为了尽量全面地对省级地方性法规做数据分析，本报告拟对作为研究对象的省级地方性法规的范围做较为宽泛的界定，即采取排除法，排除对程序性事务决策的内容。

具体而言，本报告认为，地方人民代表大会及其常委会颁布的决定、决议、答复、程序、意见、公告、方案、解释、要点等文件中涉及以下事项的，不应视为地方性法规：一是少数民族自治区对法律做出变通规定的决定、决议；二是废止地方性法规或决定、决议的；三是修改地方性法规，批准民族区域自治地方自治条例或单行条例的；四是停止执行某些法律、法规或其中部分条款的；五是修改地方性法规的。其余的文件都“视为”地方性法规。根据上述方法，从7145条数据中，剔除了涉及上述五种事项的1508件决定、决议，余下的5637件地方性法规就是本报告的基础数据和分析对象。

需要说明的是，由于电脑识别的局限性，在5637件地方性法规中也包含了少量不属于严格意义上的地方性法规的数据，但由于其名称中不包含具有类型意义的、可排除为地方性法规的关键词而无法被提取出来，比如

《山东省人民代表大会常务委员会批准省人民政府〈关于委托行政公署批准任免县（市）人民政府各委、办主任和局（科）长等工作人员的请示报告〉的决定》。考虑到本部分数据分析的主要目的是呈现省级地方性立法的总体规律和特点，并在此基础上对地方性法规实施国家法律的情况进行精确分析，因此在作为省级地方性法规分析基数的数据选择上，采取的是排除法，以保留尽可能多的数据，以便更好地涵盖省级立法的总体情况，而在对作为各省实施国家法律情况分析基数的数据选择上，则用被实施的国家法律名称中的关键词，如婚姻法，来与地方性立法的名称和条文分别进行精准匹配，以此筛选出“实施性立法”数据作为分析对象。因此，本报告所选择的数据中，实施性立法是比较狭窄的，而自主性立法（含先行性立法）是比较宽泛的，甚至包含实质上属于实施性立法的地方性法规。比如有些属于相同情况和类型的立法，由于立法规范程度的不同，电脑提取关键词后给出的分类却是不同的，如1980年12月21日《关于建立吉林省四方坨子人民检察院的决定》就在文中明确是“根据《中华人民共和国人民检察院组织法》

第二条规定”，因此电脑通过搜索“检察院组织法”的关键词，就将其分类为实施性立法，而 1981 年 10 月 24 日《甘肃省人民代表大会常务委员会关于批准设置林区人民检察院的决定》中没有这样的条文，电脑无法识别，就将其归入自主性立法。

从 1980 年至今，中国的法治建设取得了巨大的发展，中央与地方的立法也经历了一个从不规范到逐步规范、统一的过程，这一过程中制定的 5000 余件省级地方性法规在名称、程序、表述规范等方面存在较大的差异。本报告认为，在对地方性法规的立法事权划分以及地方性法规权力性质和分类都没有形成一致的实质性判断标准的情况下，虽然以形式为标准对地方性法规进行选择和分类存在上述问题和不足，但仍不失为一种可行的研究方法。

### （二）数据分析方法

报告主要采取横向比较、纵向比较以及法律—地方性法规双向分析的方法，对 5637 件地方性法规基础数据进行应用和分析。

首先，基于地方立法承担着实施国家法律和创制地方法规的双重功能，报告将省级地方性法规分为两类，即实施性立法和自主性立法（含先行性立法），前者考察分析省级地方性立法执行、落实国家法律的情况，后者反映的是地方立法在引领地方进行改革、发展和创新方面的作为。

其次，对省级地方立法双重功能的数据分析，都同时包括纵向时间维度的比较和横向地域维度的比较。前者呈现的是各个省从享有地方立法权开始在时间轴上呈现的规律和特点，后者是对各省地方立法从地域的视角进行横向比较，揭示不同省在全国的地方立法中所处的情况和位置。

最后，在中国特色社会主义法律体系初步形成后，我国法治建设的重点就从“有法可依”转移到了宪法、法律实施。[①] 有学者认为，宪法的实施主要体现在立法实施层面，因此考察现行宪法具体条文的实施状况应当从

① 李林：《没有民主就没有现代立法——专访中国社科院法学研究所所长李林》，《中国新闻周刊》2011 年第 9 期。

考察全国人大及其常委会制定的细化现行宪法中的主要条文的具体法律入手。[①] 同理，在现行的国家权力结构关系和国家立法体制下，法律的实施亦不仅体现在行政执法和司法适用上，地方人大及其常委会对作为上位法的国家法律的配套性、实施性立法，也是对法律规定的细化和具体化，也是法律实施的重要形式。因此，本报告以省级地方立法中实施性立法为基础数据，既对各个省级地方制定实施性立法的情况进行比较和分析，同时又对截至2016年9月的253件现行有效法律（不含宪法）在省级地方立法中的实施情况进行比较和分析。通过对法律—地方性法规的双向分析，既考察了各省级地方主动制定实施国家法律细则的情况，又考察了各现行有效法律被地方具体化、配套化的情况。

## 二　省级地方性法规总体统计

本部分是对省级地方性法规及其中的实施性立法和

① 莫纪宏：《八二宪法实施状况评析》，《北方法学》2013年第1期。

自主性立法（含先行性立法）在时间和地域上的总体分布情况的统计和分析。

## （一）省级地方性法规分布概览

### 1. 省级地方性法规的时间分布情况

省级地方性法规的立法数量在时间上可以分为三个阶段：一是1980—1997年党的十五大确立依法治国的治国基本方略前，这个时期省级人大及其常委会的地方立法处于起步阶段，数量比较少。1980—1996年，17年间31个省级地方共制定地方性法规543件，占立法总量的9.63%，年均立法约32件，平均每个省大约一年1件。二是从1997年党的十五大提出“依法治国、建设社会主义法治国家”到2010年“中国特色社会主义法律体系已经形成”，是省级地方立法快速发展的阶段。1997—2010年，14年间31个省级地方共制定地方性法规2889件，占立法总量的51.25%，年均立法约206件，是第一阶段的6.6倍。三是2011年中国特色社会主义法律体系形成后至今，是省级地方立法的高速发展阶段，6年间31个省级地方共制定地方性法规2205件，占立法总量的

39. 12%，年均立法约 368 件。省级地方性法规总体时间分布情况见表 5。

表 5 **省级地方性法规时间分布情况**

| 年份 | 地方性法规数量（件） | 比例（%） |
| --- | --- | --- |
| 1980 | 11 | 0. 20 |
| 1981 | 15 | 0. 27 |
| 1982 | 15 | 0. 27 |
| 1983 | 18 | 0. 32 |
| 1984 | 32 | 0. 57 |
| 1985 | 14 | 0. 25 |
| 1986 | 23 | 0. 41 |
| 1987 | 12 | 0. 21 |
| 1988 | 34 | 0. 60 |
| 1989 | 22 | 0. 39 |
| 1990 | 42 | 0. 75 |
| 1991 | 34 | 0. 60 |
| 1992 | 21 | 0. 37 |
| 1993 | 32 | 0. 57 |
| 1994 | 57 | 1. 01 |
| 1995 | 65 | 1. 15 |
| 1996 | 96 | 1. 70 |
| 1997 | 133 | 2. 36 |
| 1998 | 104 | 1. 84 |
| 1999 | 128 | 2. 27 |
| 2000 | 129 | 2. 29 |
| 2001 | 165 | 2. 93 |

续表

| 年份 | 地方性法规数量（件） | 比例（%） |
|---|---|---|
| 2002 | 155 | 2.75 |
| 2003 | 128 | 2.27 |
| 2004 | 201 | 3.57 |
| 2005 | 217 | 3.85 |
| 2006 | 215 | 3.81 |
| 2007 | 250 | 4.43 |
| 2008 | 162 | 2.87 |
| 2009 | 218 | 3.87 |
| 2010 | 684 | 12.13 |
| 2011 | 364 | 6.46 |
| 2012 | 486 | 8.62 |
| 2013 | 256 | 4.54 |
| 2014 | 384 | 6.81 |
| 2015 | 487 | 8.64 |
| 2016 | 228 | 4.04 |

从表5中的数据可见，省级地方性法规立法以1997年依法治国基本方略提出和2010年中国特色社会主义法律体系形成为时间节点，分别形成了两个立法高潮。省级地方立法在时间分布上的基本发展规律见图1。

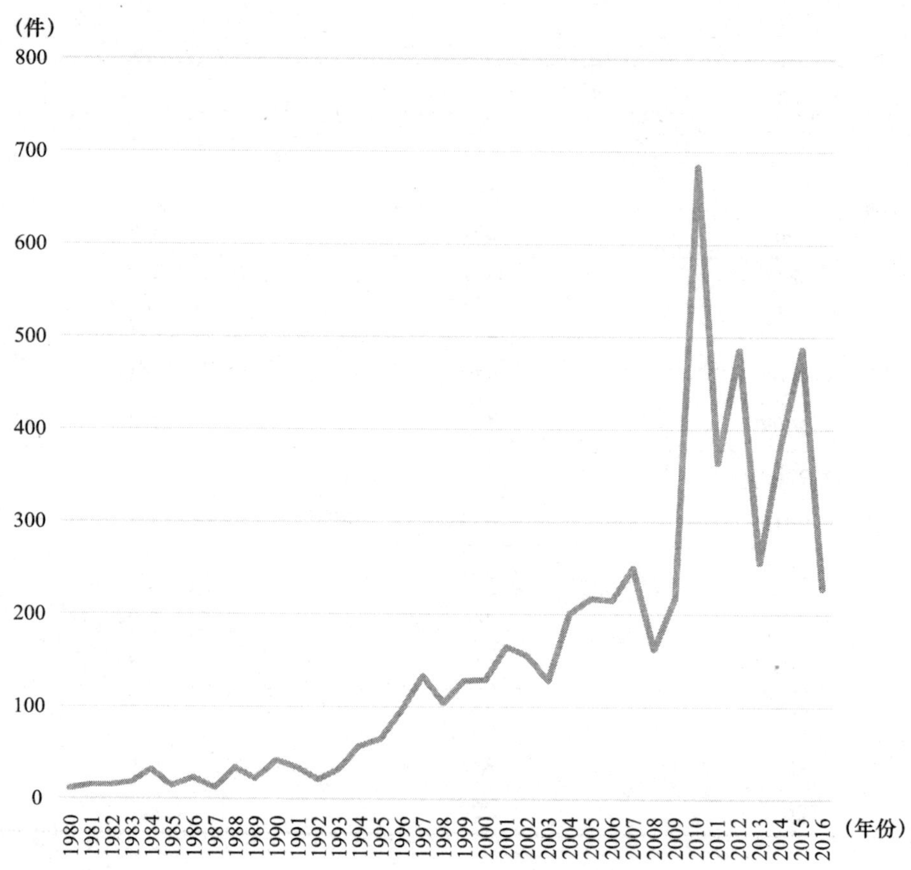


**图1　省级地方立法时间分布情况**

上述图、表均显示，省级地方立法的基本发展规律与国家法治建设的发展阶段、与国家法治建设的顶层设计和部署都是一致的。以此可以窥见，省级地方立法在中国特色社会主义法律体系的形成与完善、在国家法治建设的总体目标的实现中都发挥着重要的作用。

## 2. 省级地方性法规的地域分布情况

省级地方性法规的地域分布情况见表6和图2。

表6 省级地方性法规的地域分布情况

| 地域 | 地方性法规数量（件） | 比例（%） |
|---|---|---|
| 西藏自治区 | 83 | 1.47 |
| 青海省 | 110 | 1.95 |
| 海南省 | 135 | 2.39 |
| 河南省 | 139 | 2.47 |
| 广西壮族自治区 | 155 | 2.75 |
| 新疆维吾尔自治区 | 157 | 2.79 |
| 甘肃省 | 158 | 2.80 |
| 宁夏回族自治区 | 165 | 2.93 |
| 上海市 | 165 | 2.93 |
| 四川省 | 168 | 2.98 |
| 辽宁省 | 172 | 3.05 |
| 江苏省 | 174 | 3.09 |
| 北京市 | 176 | 3.12 |
| 内蒙古自治区 | 179 | 3.18 |
| 浙江省 | 184 | 3.26 |
| 陕西省 | 189 | 3.35 |
| 贵州省 | 192 | 3.41 |
| 天津市 | 193 | 3.42 |
| 湖南省 | 194 | 3.44 |
| 重庆市 | 196 | 3.48 |
| 湖北省 | 199 | 3.53 |
| 山西省 | 199 | 3.53 |
| 河北省 | 200 | 3.55 |
| 江西省 | 202 | 3.58 |
| 福建省 | 204 | 3.62 |
| 安徽省 | 206 | 3.65 |
| 黑龙江省 | 207 | 3.67 |
| 云南省 | 218 | 3.87 |
| 山东省 | 220 | 3.90 |
| 广东省 | 223 | 3.96 |
| 吉林省 | 275 | 4.88 |

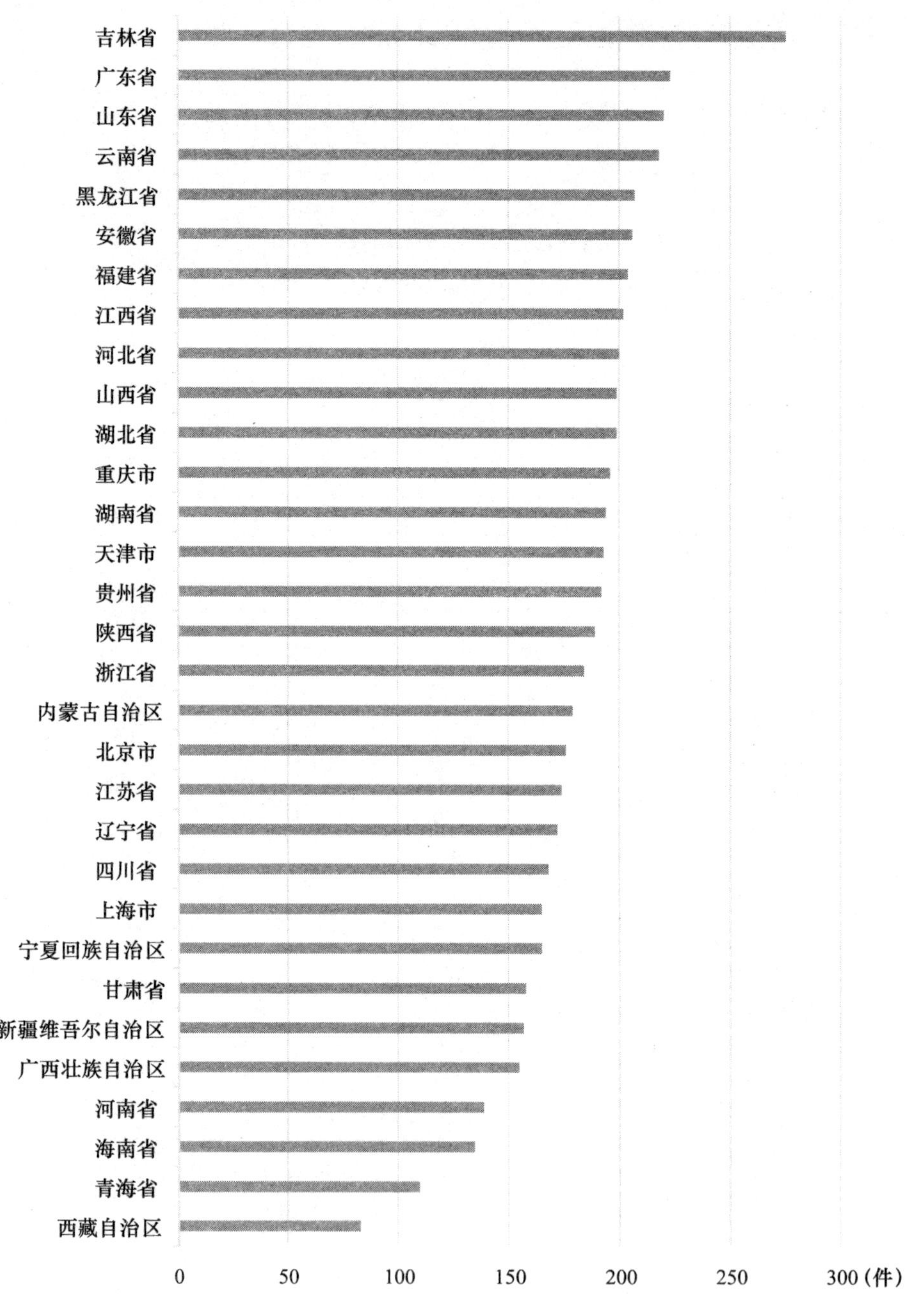


图2　省级地方性法规的地域分布情况

31个省、自治区和直辖市地方性法规的立法数量总体比较均衡，其中立法总量最多的是吉林省，为275件；立法总量最少的是西藏自治区，为83件；每省（自治区、直辖市）平均立法182件。

### （二）实施性立法和自主性立法（含先行性立法）分布概览

根据地方立法的双重功能和《立法法》第七十三条的规定，报告将5637件省级地方性法规分为实施性立法和自主性立法（含先行性立法）进行统计分析。实施性立法数据的分类提取方法是：第一，提取名称中含有上位法律名称关键词的地方性法规，如《青海省实施〈中华人民共和国环境保护法〉办法》等；第二，提取在条文中明确规定是根据某部具体法律制定的地方性法规，如《西藏自治区各级人民代表大会常务委员会规范性文件备案审查条例》第一条明确规定“根据《中华人民共和国立法法》、《中华人民共和国各级人民代表大会常务委员会监督法》等法律的规定……制定本条例”。5637件省级地方性法规按照上述两个方法提取实施性立法后，通过排除法，剩余的地方性法规属于自主性立法（含先行性立法）。通过分类统计，省级地方性法规中包含实施性立法 2315 件，占比 41.07%；自主性立法（含先行性立法）3322 件，占比 58.93%。

1979 年地方组织法赋予省、自治区、直辖市人大及其常委会制定地方性法规的权力，启动了地方立法的新实践。1980 年至 2016 年 8 月 15 日，省级地方性法规中实施性立法和自主性立法（含先行性立法）的时间分布情况见表 7。

表 7 省级地方实施性立法、自主性立法时间分布情况

| 年份 | 实施性立法 | | 自主性立法（含先行性立法） | |
|---|---|---|---|---|
| | 数量（件） | 比例（%） | 数量（件） | 比例（%） |
| 1980 | 8 | 0.35 | 3 | 0.09 |
| 1981 | 9 | 0.39 | 6 | 0.18 |
| 1982 | 7 | 0.30 | 8 | 0.24 |
| 1983 | 1 | 0.04 | 17 | 0.51 |
| 1984 | 3 | 0.13 | 29 | 0.87 |
| 1985 | 0 | 0 | 14 | 0.42 |
| 1986 | 6 | 0.26 | 17 | 0.51 |
| 1987 | 2 | 0.09 | 10 | 0.30 |
| 1988 | 3 | 0.13 | 31 | 0.93 |
| 1989 | 5 | 0.22 | 17 | 0.51 |
| 1990 | 14 | 0.60 | 28 | 0.84 |

续表

| 年份 | 实施性立法 | | 自主性立法（含先行性立法） | |
|---|---|---|---|---|
| | 数量（件） | 比例（%） | 数量（件） | 比例（%） |
| 1991 | 16 | 0.69 | 18 | 0.54 |
| 1992 | 5 | 0.22 | 16 | 0.48 |
| 1993 | 11 | 0.48 | 21 | 0.63 |
| 1994 | 20 | 0.86 | 37 | 1.11 |
| 1995 | 26 | 1.12 | 39 | 1.17 |
| 1996 | 35 | 1.51 | 61 | 1.84 |
| 1997 | 50 | 2.16 | 83 | 2.50 |
| 1998 | 32 | 1.38 | 72 | 2.17 |
| 1999 | 41 | 1.77 | 87 | 2.62 |
| 2000 | 50 | 2.16 | 79 | 2.38 |
| 2001 | 67 | 2.89 | 98 | 2.95 |
| 2002 | 55 | 2.38 | 100 | 3.01 |
| 2003 | 50 | 2.16 | 78 | 2.35 |
| 2004 | 94 | 4.06 | 107 | 3.22 |
| 2005 | 81 | 3.50 | 136 | 4.09 |
| 2006 | 82 | 3.54 | 133 | 4.00 |
| 2007 | 124 | 5.36 | 126 | 3.79 |
| 2008 | 73 | 3.15 | 89 | 2.68 |
| 2009 | 102 | 4.41 | 116 | 3.49 |
| 2010 | 280 | 12.10 | 404 | 12.16 |
| 2011 | 162 | 7.00 | 202 | 6.08 |
| 2012 | 217 | 9.37 | 269 | 8.10 |
| 2013 | 101 | 4.36 | 155 | 4.67 |
| 2014 | 136 | 5.87 | 248 | 7.47 |
| 2015 | 221 | 9.55 | 266 | 8.01 |
| 2016 | 126 | 5.44 | 102 | 3.07 |
| 总计 | 2291 | 100 | 3346 | 100 |

各省、自治区、直辖市地方性法规中实施性立法和自主性立法（含先行性立法）的地域分布情况见表8。

表8　　　　各省级地方实施性立法、自主性立法的地域分布情况

| 地域 | 实施性立法 | | 自主性立法 | | 总计（件） |
|---|---|---|---|---|---|
| | 数量（件） | 比例（%） | 数量（件） | 比例（%） | |
| 安徽省 | 89 | 43.20 | 117 | 56.80 | 206 |
| 北京市 | 60 | 34.09 | 116 | 65.91 | 176 |
| 福建省 | 75 | 36.76 | 129 | 63.24 | 204 |
| 甘肃省 | 73 | 46.20 | 85 | 53.80 | 158 |
| 广东省 | 83 | 37.22 | 140 | 62.78 | 223 |
| 广西壮族自治区 | 73 | 47.10 | 82 | 52.90 | 155 |
| 贵州省 | 75 | 39.06 | 117 | 60.94 | 192 |
| 海南省 | 47 | 34.81 | 88 | 65.19 | 135 |
| 河北省 | 81 | 40.50 | 119 | 59.50 | 200 |
| 河南省 | 57 | 41.01 | 82 | 58.99 | 139 |
| 黑龙江省 | 77 | 37.20 | 130 | 62.80 | 207 |
| 湖北省 | 90 | 45.23 | 109 | 54.77 | 199 |
| 湖南省 | 90 | 46.39 | 104 | 53.61 | 194 |
| 吉林省 | 90 | 32.73 | 185 | 67.27 | 275 |
| 江苏省 | 71 | 40.80 | 103 | 59.20 | 174 |
| 江西省 | 73 | 36.14 | 129 | 63.86 | 202 |
| 辽宁省 | 76 | 44.19 | 96 | 55.81 | 172 |
| 内蒙古自治区 | 87 | 48.88 | 91 | 51.12 | 178 |
| 宁夏回族自治区 | 70 | 42.17 | 96 | 57.83 | 166 |
| 青海省 | 48 | 43.64 | 62 | 56.36 | 110 |
| 山东省 | 109 | 49.55 | 111 | 50.45 | 220 |

续表

| 地域 | 实施性立法 | | 自主性立法 | | 总计（件） |
|---|---|---|---|---|---|
| | 数量（件） | 比例（%） | 数量（件） | 比例（%） | |
| 山西省 | 82 | 41.21 | 117 | 58.79 | 199 |
| 陕西省 | 87 | 46.03 | 102 | 53.97 | 189 |
| 上海市 | 56 | 33.94 | 109 | 66.06 | 165 |
| 四川省 | 72 | 42.86 | 96 | 57.14 | 168 |
| 天津市 | 74 | 38.34 | 119 | 61.66 | 193 |
| 西藏自治区 | 46 | 55.42 | 37 | 44.58 | 83 |
| 新疆维吾尔自治区 | 75 | 47.77 | 82 | 52.23 | 157 |
| 云南省 | 87 | 39.91 | 131 | 60.09 | 218 |
| 浙江省 | 72 | 39.13 | 112 | 60.87 | 184 |
| 重庆市 | 70 | 35.71 | 126 | 64.29 | 196 |
| 总计 | 2315 | 41.07 | 3322 | 58.93 | 5637 |

由上表可见，实施性立法和自主性立法（含先行性立法）在时间分布上与省级地方性法规立法整体情况一致，以1997年和2010年为时间节点，形成了与国家法治建设的发展阶段相对应的两次立法高峰。

实施性立法和自主性立法（含先行性立法）在地域分布上也呈现出两个特点：一是实行少数民族区域自治制度的广西壮族自治区、内蒙古自治区、宁夏回族自治区、新疆维吾尔自治区和西藏自治区五个自治区的地方性立法在数量上比其他地域相对要少，其中自主性立法（含先行性立法）占本地区立法的比例也都不高，特别是西藏自治区，共制定地方性法规 83 件，是地域横比中最少的省级单位，也是唯一一个立法总量在百位数以下的省级单位。西藏自治区的自主性立法（含先行性立法）共 37 件，占本地区立法总量的 44.58%，也是地域横比中自主性立法（含先行性立法）最少、占比最低的省级单位。二是北京、上海、天津和重庆四个直辖市的自主性立法（含先行性立法）占本地区地方性法规总数的比重都比较高，都在 60% 以上，分别是 65.91%、66.06%、61.66% 和 64.29%，这表明直辖市地方立法比较注重发挥创造性的、地方自治性的功能。

从实施性立法与自主性立法（含先行性立法）的比重来看，除了在十一届三中全会后的法制恢复初期，也是现行宪法颁行前省级地方性立法起步时期，为落实中共中央《关于坚决保证刑法、刑事诉讼法切实实施的指示》（中发〔1979〕64 号文件），以及为实施 1979 年《地方组织法》《法院组织法》和《检察院组织法》，

1980年和1981年各地制定的实施性立法较自主性立法（含先行性立法）更多，1982年以后，各个省、自治区、直辖市的自主性立法（含先行性立法）每年都比实施性立法数量多。大量的自主性立法（含先行性立法）涉及地方治理的各个领域，既体现了地方立法在规范地方事务自主发展、引领和保障地方经济社会改革方面发挥的实际作用，又从一个侧面反映了单一制国家结构形式下中央事权和地方事权的划分关系。

## 三　实施性立法细分统计与分析

以省级地方立法中实施性立法为基础数据，本部分既对各省、自治区、直辖市主动制定实施国家法律的实施细则的情况进行了横向比较，同时又对253件现行有效法律（不含宪法）在省级地方立法中的实施情况，即现行有效法律被地方立法具体化、配套化的情况进行了考察和分析。

## （一）各省、自治区、直辖市的实施性立法情况

表 9　省级地方实施性立法的地域分布情况

| 地域 | 有实施性立法的法律数量（件） | 占 253 部法律的比例（%） |
|---|---|---|
| 海南省 | 39 | 15.42 |
| 青海省 | 43 | 17.00 |
| 西藏自治区 | 43 | 17.00 |
| 河南省 | 50 | 19.76 |
| 北京市 | 53 | 20.95 |
| 上海市 | 55 | 21.74 |
| 江苏省 | 57 | 22.53 |
| 宁夏回族自治区 | 57 | 22.53 |
| 新疆维吾尔自治区 | 57 | 22.53 |
| 甘肃省 | 59 | 23.32 |
| 广西壮族自治区 | 59 | 23.32 |
| 贵州省 | 59 | 23.32 |
| 吉林省 | 59 | 23.32 |
| 辽宁省 | 60 | 23.72 |
| 四川省 | 60 | 23.72 |
| 福建省 | 63 | 24.90 |
| 江西省 | 63 | 24.90 |
| 重庆市 | 63 | 24.90 |
| 黑龙江省 | 64 | 25.30 |
| 浙江省 | 64 | 25.30 |
| 云南省 | 65 | 25.69 |
| 河北省 | 68 | 26.88 |
| 天津市 | 69 | 27.27 |
| 内蒙古自治区 | 69 | 27.27 |
| 山西省 | 69 | 27.27 |
| 广东省 | 70 | 27.67 |
| 陕西省 | 70 | 27.67 |
| 湖南省 | 72 | 28.46 |
| 安徽省 | 75 | 29.64 |
| 湖北省 | 78 | 30.83 |
| 山东省 | 83 | 32.81 |

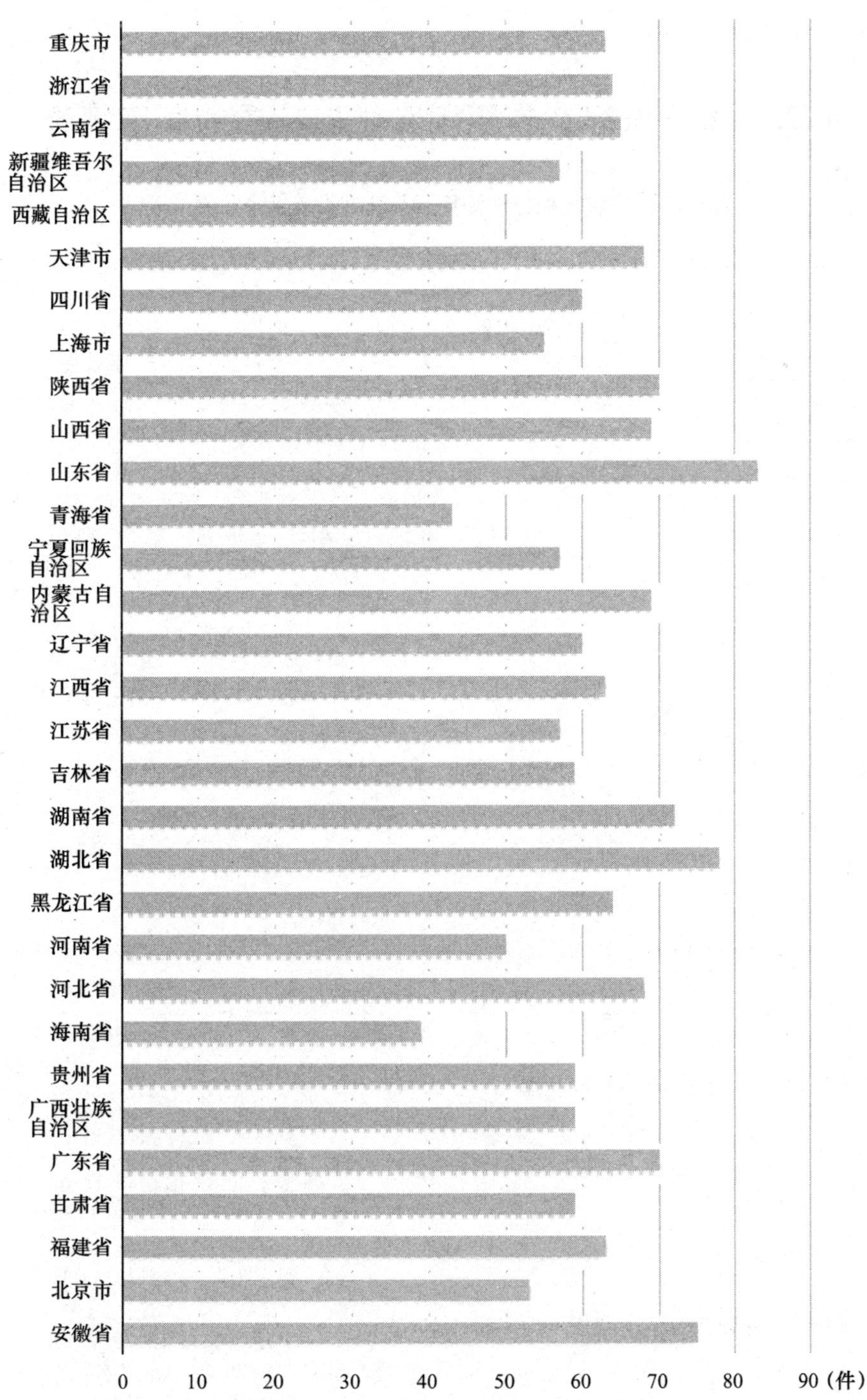


图3 省级地方实施性立法的地域分布情况

## （二）现行法律在省级地方性法规中的实施情况

表 10　　现行法律被省级地方性法规具体化、配套化立法的情况

| 序号 | 日期 | 法律法规 | 总计 | 各省、自治区、直辖市实施性立法情况（括号内数字为超过 1 件的具体数量） |
|---|---|---|---|---|
| 1 | 2002 年 6 月 29 日 | 安全生产法 | 37 | 安徽省；北京市；福建省；甘肃省；广东省；广西壮族自治区；贵州省；河北省；河南省；黑龙江省；湖北省；湖南省（3）；吉林省（2）；江苏省；江西省；辽宁省（2）；内蒙古自治区；宁夏回族自治区；山东省；山西省（2）；陕西省（2）；上海市；四川省；天津市；西藏自治区（2）；新疆维吾尔自治区（2）；云南省；浙江省；重庆市 |
| 2 | 2010 年 4 月 29 日 | 保守国家秘密法 | 2 | 北京市；湖南省 |
| 3 | 1995 年 6 月 30 日 | 保险法 | 11 | 广东省（2）；海南省；河南省（2）；陕西省；四川省；天津市（2）；云南省；浙江省 |
| 4 | 2010 年 10 月 28 日 | 社会保险法 | 14 | 福建省（2）；广东省（3）；贵州省；江苏省（2）；辽宁省；内蒙古自治区（2）；天津市；云南省（2） |
| 5 | 1988 年 12 月 29 日 | 标准化法 | 14 | 甘肃省；河北省；江西省；辽宁省（3）；内蒙古自治区；宁夏回族自治区；山东省；陕西省；上海市；四川省；天津市；浙江省 |
| 6 | 2008 年 4 月 24 日 | 残疾人保障法 | 30 | 安徽省；北京市；福建省；甘肃省；广东省；广西壮族自治区；贵州省；河北省；河南省；黑龙江省；湖北省；吉林省；江苏省；江西省（2）；辽宁省；内蒙古自治区；宁夏回族自治区；青海省；山东省；山西省；陕西省；上海市；四川省；天津市；西藏自治区；新疆维吾尔自治区；云南省；浙江省；重庆市 |

续表

| 序号 | 日期 | 法律法规 | 总计 | 各省、自治区、直辖市实施性立法情况（括号内数字为超过 1 件的具体数量） |
|---|---|---|---|---|
| 7 | 1985 年 6 月 18 日 | 草原法 | 11 | 甘肃省；黑龙江省；内蒙古自治区（4）；宁夏回族自治区；陕西省；四川省；西藏自治区；新疆维吾尔自治区 |
| 8 | 2002 年 8 月 29 日 | 测绘法 | 33 | 安徽省；北京市；福建省；甘肃省；广东省；广西壮族自治区（2）；贵州省；海南省；河北省；河南省；黑龙江省；湖北省；湖南省；吉林省；江苏省；江西省；辽宁省；内蒙古自治区；宁夏回族自治区；青海省；山东省；陕西省（2）；上海市；四川省；天津市；西藏自治区；新疆维吾尔自治区；云南省（2）；浙江省；重庆市 |
| 9 | 1993 年 2 月 22 日 | 产品质量法 | 3 | 安徽省；湖北省；山东省 |
| 10 | 1994 年 7 月 5 日 | 城市房地产管理法 | 2 | 湖北省；新疆维吾尔自治区 |
| 11 | 1989 年 12 月 26 日 | 城市居民委员会组织法 | 25 | 安徽省；北京市；甘肃省（2）；广东省；广西壮族自治区；贵州省；河北省；河南省；黑龙江省；湖北省；湖南省；吉林省；江西省；辽宁省；宁夏回族自治区；青海省；山东省；山西省；陕西省；四川省；天津市；西藏自治区；新疆维吾尔自治区；云南省 |
| 12 | 2007 年 10 月 28 日 | 城乡规划法 | 28 | 安徽省；北京市；福建省；甘肃省；广东省；广西壮族自治区；贵州省；海南省；河北省；河南省；黑龙江省；湖北省；湖南省；吉林省；江苏省；江西省；辽宁省；内蒙古自治区；宁夏回族自治区；青海省；山东省；山西省；陕西省；上海市；四川省；西藏自治区；云南省；浙江省 |

续表

| 序号 | 日期 | 法律法规 | 总计 | 各省、自治区、直辖市实施性立法情况（括号内数字为超过1件的具体数量） |
|---|---|---|---|---|
| 13 | 2005年12月29日 | 畜牧法 | 5 | 河南省；黑龙江省；湖北省；青海省；天津市 |
| 14 | 1989年2月21日 | 传染病防治法 | 1 | 江苏省 |
| 15 | 2016年3月16日 | 慈善法 | 2 | 江苏省；宁夏回族自治区 |
| 16 | 1996年5月15日 | 促进科技成果转化法 | 22 | 安徽省；福建省；甘肃省；广西壮族自治区；贵州省；河北省；河南省；黑龙江省；湖北省；湖南省；吉林省；江西省；内蒙古自治区；山东省；山西省；四川省；天津市；西藏自治区；新疆维吾尔自治区；云南省；浙江省；重庆市 |
| 17 | 2010年10月28日 | 村民委员会组织法 | 35 | 安徽省；北京市；福建省；甘肃省；广东省；广西壮族自治区；贵州省（3）；河北省；河南省；黑龙江省；湖北省（2）；湖南省；吉林省；江苏省；江西省；内蒙古自治区；宁夏回族自治区；山东省；山西省；陕西省；上海市；四川省（2）；天津市；西藏自治区；新疆维吾尔自治区（3）；云南省（2）；浙江省；重庆市 |
| 18 | 1987年9月5日 | 大气污染防治法 | 19 | 安徽省（2）；北京市（2）；甘肃省；河北省；湖北省；吉林省；江苏省；辽宁省；青海省；山东省（2）；山西省；陕西省；上海市；四川省；天津市；浙江省 |
| 19 | 1987年9月5日 | 档案法 | 24 | 安徽省；福建省；甘肃省（2）；广东省；广西壮族自治区；贵州省；河北省；黑龙江省；湖北省；湖南省；吉林省（2）；江西省；内蒙古自治区；宁夏回族自治区；青海省；山东省；陕西省；上海市；西藏自治区；云南省；浙江省；重庆市 |

续表

| 序号 | 日期 | 法律法规 | 总计 | 各省、自治区、直辖市实施性立法情况（括号内数字为超过1件的具体数量） |
|---|---|---|---|---|
| 20 | 2003年10月28日 | 道路交通安全法 | 29 | 北京市；福建省；甘肃省；广东省；广西壮族自治区；贵州省（3）；海南省；河北省；河南省；黑龙江省；湖北省；湖南省；江苏省；辽宁省；内蒙古自治区；宁夏回族自治区；青海省；山东省（3）；山西省（2）；陕西省；四川省；天津市；新疆维吾尔自治区；浙江省 |
| 21 | 1979年7月1日 | 地方各级人民代表大会和地方各级人民政府组织法 | 6 | 吉林省；新疆维吾尔自治区（2）；广西壮族自治区；江苏省；贵州省 |
| 22 | 1995年12月28日 | 电力法 | 18 | 安徽省；福建省；河北省；黑龙江省；湖北省；湖南省；吉林省；江苏省；辽宁省；内蒙古自治区；宁夏回族自治区；山东省；山西省；陕西省；上海市；四川省；天津市；云南省 |
| 23 | 1997年7月3日 | 动物防疫法 | 25 | 安徽省；北京市；甘肃省；广东省；广西壮族自治区；贵州省；河北省；黑龙江省；湖北省；湖南省；江苏省；江西省；辽宁省；内蒙古自治区；宁夏回族自治区；山东省；山西省；陕西省；四川省；天津市；西藏自治区；新疆维吾尔自治区；云南省；浙江省；重庆市 |
| 24 | 1993年9月2日 | 反不正当竞争法 | 19 | 安徽省；福建省；广东省；广西壮族自治区；贵州省；河北省；黑龙江省；江苏省；江西省；辽宁省；宁夏回族自治区；山东省；山西省；上海市；四川省；天津市；云南省；浙江省；重庆市 |

续表

| 序号 | 日期 | 法律法规 | 总计 | 各省、自治区、直辖市实施性立法情况（括号内数字为超过 1 件的具体数量） |
|---|---|---|---|---|
| 25 | 1997 年 8 月 29 日 | 防洪法 | 19 | 安徽省；北京市；福建省；广西壮族自治区；河北省；河南省；黑龙江省；湖北省；湖南省；吉林省；江西省；辽宁省；内蒙古自治区（2）；山东省；陕西省；四川省；天津市；云南省 |
| 26 | 2001 年 8 月 31 日 | 防沙治沙法 | 8 | 甘肃省；黑龙江省；辽宁省；内蒙古自治区；宁夏回族自治区；陕西省；四川省；新疆维吾尔自治区 |
| 27 | 2008 年 12 月 27 日 | 防震减灾法 | 30 | 安徽省；北京市（2）；福建省；甘肃省；广东省；广西壮族自治区；贵州省；河北省；河南省；黑龙江省；湖北省；湖南省；吉林省；江苏省；辽宁省；内蒙古自治区；宁夏回族自治区；青海省；山东省；山西省；陕西省；上海市；四川省；天津市；西藏自治区；新疆维吾尔自治区；云南省；浙江省；重庆市 |
| 28 | 2003 年 6 月 28 日 | 放射性污染防治法 | 1 | 陕西省 |
| 29 | 2011 年 2 月 25 日 | 非物质文化遗产法 | 2 | 湖南省；西藏自治区 |
| 30 | 1992 年 4 月 3 日 | 妇女权益保障法 | 29 | 安徽省；北京市；福建省；甘肃省；广东省；广西壮族自治区；贵州省；海南省；河北省；河南省；黑龙江省；湖北省；湖南省；吉林省；江西省；辽宁省；内蒙古自治区；宁夏回族自治区；青海省；山东省；山西省；陕西省；四川省；天津市；西藏自治区；新疆维吾尔自治区；云南省；浙江省；重庆市 |

续表

| 序号 | 日期 | 法律法规 | 总计 | 各省、自治区、直辖市实施性立法情况（括号内数字为超过1件的具体数量） |
|---|---|---|---|---|
| 31 | 2003年6月28日 | 港口法 | 17 | 安徽省；福建省；广东省；广西壮族自治区；河北省；黑龙江省；湖南省；江苏省（2）；辽宁省；山东省（2）；上海市；四川省；天津市；浙江省；重庆市 |
| 32 | 1998年8月29日 | 高等教育法 | 4 | 湖南省；内蒙古自治区；山西省；新疆维吾尔自治区 |
| 33 | 2006年8月27日 | 各级人民代表大会常务委员会监督法 | 25 | 安徽省（2）；福建省；甘肃省；贵州省；海南省；河北省；河南省；黑龙江省；湖北省；湖南省；吉林省；江西省；辽宁省；青海省；山西省（2）；陕西省；四川省；西藏自治区（2）；新疆维吾尔自治区；云南省；浙江省；重庆市 |
| 34 | 1992年4月3日 | 工会法 | 41 | 安徽省；北京市；福建省（3）；广东省（2）；广西壮族自治区（2）；贵州省；海南省；河北省；河南省；黑龙江省（2）；湖北省（2）；湖南省；吉林省（2）；江苏省（2）；江西省；内蒙古自治区（2）；宁夏回族自治区（2）；青海省；山东省；山西省（3）；陕西省；上海市；天津市；新疆维吾尔自治区（2）；云南省（2）；浙江省（2） |
| 35 | 2004年8月28日 | 公路法 | 57 | 安徽省（2）；北京市；福建省；甘肃省（3）；广东省；广西壮族自治区；贵州省（2）；海南省；河南省（2）；黑龙江省（3）；湖北省（2）；湖南省（3）；吉林省（3）；江苏省（3）；江西省（2）；辽宁省；内蒙古自治区（2）；宁夏回族自治区（2）；山东省（4）；山西省（2）；陕西省（2）；上海市；四川省（3）；天津市；新疆维吾尔自治区；云南省（4）；浙江省；重庆市（3） |

续表

| 序号 | 日期 | 法律法规 | 总计 | 各省、自治区、直辖市实施性立法情况（括号内数字为超过1件的具体数量） |
|---|---|---|---|---|
| 36 | 1999年6月28日 | 公益事业捐赠法 | 9 | 安徽省；福建省（2）；广东省；海南省；黑龙江省；江苏省；上海市；浙江省 |
| 37 | 2005年8月28日 | 公证法 | 6 | 安徽省；吉林省；江苏省；内蒙古自治区；宁夏回族自治区；新疆维吾尔自治区 |
| 38 | 1995年10月30日 | 固体废物污染环境防治法 | 9 | 福建省；广东省；河北省；河南省；江苏省；山东省；陕西省；四川省；浙江省 |
| 39 | 1994年10月27日 | 广告法 | 11 | 黑龙江省；湖北省；湖南省；江苏省；江西省；宁夏回族自治区；青海省；浙江省；重庆市（3） |
| 40 | 1990年9月7日 | 归侨侨眷权益保护法 | 17 | 福建省；甘肃省；广西壮族自治区；贵州省；黑龙江省；湖北省；湖南省；吉林省；江西省；辽宁省；内蒙古自治区；山东省；山西省；上海市；四川省；天津市；重庆市 |
| 41 | 2010年2月26日 | 国防动员法 | 3 | 湖北省；山西省；天津市 |
| 42 | 2001年4月28日 | 国防教育法 | 24 | 安徽省；北京市；福建省；甘肃省；贵州省；海南省；黑龙江省；湖北省；湖南省（2）；吉林省；江苏省；内蒙古自治区；宁夏回族自治区；山东省；山西省；陕西省；上海市；天津市；西藏自治区；新疆维吾尔自治区；云南省；浙江省；重庆市 |
| 43 | 1994年5月12日 | 国家赔偿法 | 1 | 重庆市 |
| 44 | 2000年10月31日 | 国家通用语言文字法 | 24 | 安徽省；北京市；福建省；甘肃省；广西壮族自治区（2）；贵州省；海南省；河北省；湖北省；湖南省；吉林省；江苏省；江西省；辽宁省；内蒙古自治区（2）；山东省；山西省；上海市；新疆维吾尔自治区；云南省（2）；重庆市 |
| 45 | 2008年10月28日 | 国有资产法 | 3 | 湖北省（2）；山东省 |

续表

| 序号 | 日期 | 法律法规 | 总计 | 各省、自治区、直辖市实施性立法情况（括号内数字为超过1件的具体数量） |
| --- | --- | --- | --- | --- |
| 46 | 1999年12月25日 | 海洋环境保护法 | 6 | 福建省；广东省；广西壮族自治区；海南省（2）；山东省 |
| 47 | 2001年10月27日 | 海域使用管理法 | 1 | 海南省 |
| 48 | 1996年3月17日 | 行政处罚法 | 7 | 河北省（2）；吉林省；宁夏回族自治区；青海省；陕西省；新疆维吾尔自治区 |
| 49 | 1999年4月29日 | 行政复议法 | 1 | 内蒙古自治区 |
| 50 | 2011年6月30日 | 行政强制法 | 1 | 湖南省 |
| 51 | 2003年8月27日 | 行政许可法 | 12 | 广东省（3）；河北省；黑龙江省；湖北省；上海市；云南省（4）；重庆市 |
| 52 | 2014年12月28日 | 航道法 | 7 | 福建省；广东省；广西壮族自治区；黑龙江省；上海市；浙江省；重庆市 |
| 53 | 1999年3月15日 | 合同法 | 1 | 吉林省 |
| 54 | 1993年10月31日 | 红十字会法 | 28 | 安徽省；北京市；福建省；甘肃省；广东省；广西壮族自治区；贵州省；海南省；河北省；黑龙江省；湖北省；湖南省；吉林省；江苏省；江西省；辽宁省；内蒙古自治区；宁夏回族自治区；山东省；山西省；陕西省；上海市；四川省；天津市；新疆维吾尔自治区；云南省；浙江省；重庆市 |
| 55 | 2014年4月24日 | 环境保护法 | 93 | 安徽省（5）；福建省（3）；甘肃省（4）；广东省（3）；广西壮族自治区（5）；贵州省（2）；海南省（4）；河北省（5）；河南省（2）；黑龙江省（4）；湖北省（2）；湖南省（4）；吉林省（5）；江苏省（2）；江西省（2）；辽宁省（6）；内蒙古自治区（3）；宁夏回族自治区（2）；青海省；山东省（6）；山西省（3）；陕西省（5）；上海市（2）；四川省；天津市；西藏自治区；新疆维吾尔自治区（2）；云南省（4）；浙江省（3）；重庆市 |

续表

| 序号 | 日期 | 法律法规 | 总计 | 各省、自治区、直辖市实施性立法情况（括号内数字为超过1件的具体数量） |
|---|---|---|---|---|
| 56 | 2002年10月28日 | 环境影响评价法 | 4 | 内蒙古自治区；山东省；陕西省；四川省 |
| 57 | 1950年5月1日 | 婚姻法 | 1 | 宁夏回族自治区 |
| 58 | 1985年1月21日 | 会计法 | 12 | 福建省；甘肃省；黑龙江省；湖北省；湖南省；江西省；辽宁省；内蒙古自治区；山东省；山西省；陕西省；云南省 |
| 59 | 1989年10月31日 | 集会游行示威法 | 22 | 安徽省；北京市；福建省；甘肃省；广西壮族自治区；贵州省；河北省；吉林省（2）；江西省；内蒙古自治区；宁夏回族自治区；青海省；山东省；山西省；陕西省；上海市；四川省；天津市；云南省；浙江省；重庆市 |
| 60 | 2001年12月29日 | 计划生育法 | 15 | 广东省；贵州省（2）；河北省；吉林省；山东省（2）；山西省；陕西省（3）；天津市；云南省；浙江省；重庆市 |
| 61 | 1985年9月6日 | 计量法 | 18 | 安徽省；甘肃省；广东省；广西壮族自治区；贵州省；河北省；河南省；湖北省；江西省；辽宁省；山东省；山西省；陕西省；上海市；天津市；新疆维吾尔自治区；浙江省；重庆市 |
| 62 | 1997年12月29日 | 价格法 | 29 | 安徽省（2）；福建省；甘肃省（2）；广东省；河北省（2）；黑龙江省；湖北省（2）；湖南省（3）；江苏省（2）；江西省（2）；内蒙古自治区（2）；宁夏回族自治区；山东省；陕西省（2）；上海市；西藏自治区；云南省；浙江省；重庆市 |
| 63 | 1995年3月18日 | 教师法 | 16 | 北京市；福建省；广西壮族自治区；海南省；河北省；湖北省；湖南省；辽宁省；内蒙古自治区；宁夏回族自治区；山东省；山西省；上海市；西藏自治区；新疆维吾尔自治区；重庆市 |

续表

| 序号 | 日期 | 法律法规 | 总计 | 各省、自治区、直辖市实施性立法情况（括号内数字为超过1件的具体数量） |
|---|---|---|---|---|
| 64 | 1997年11月1日 | 节约能源法 | 33 | 安徽省；北京市；福建省；甘肃省；广东省；广西壮族自治区；贵州省；海南省；河北省；河南省；黑龙江省；湖北省；湖南省；吉林省（2）；江苏省；江西省；辽宁省；内蒙古自治区；宁夏回族自治区；青海省；山东省；山西省；陕西省（2）；上海市；四川省；天津市（2）；新疆维吾尔自治区；云南省；浙江省；重庆市 |
| 65 | 1989年2月21日 | 进出口商品检验法 | 1 | 宁夏回族自治区 |
| 66 | 2007年12月29日 | 禁毒法 | 13 | 安徽省；福建省；广东省；广西壮族自治区；贵州省；湖南省；江苏省；宁夏回族自治区；山西省；上海市；云南省；浙江省；重庆市 |
| 67 | 2012年10月26日 | 精神卫生法 | 2 | 北京市；上海市 |
| 68 | 2007年8月30日 | 就业促进法 | 21 | 安徽省；甘肃省；广东省；贵州省；海南省；河北省；河南省；湖北省；湖南省；吉林省；江西省；辽宁省；内蒙古自治区；宁夏回族自治区；山东省；山西省；陕西省；天津市；西藏自治区；新疆维吾尔自治区；重庆市 |
| 69 | 1990年2月23日 | 军事设施保护法 | 8 | 安徽省；湖北省；湖南省；江苏省；山东省；山西省；云南省；浙江省 |
| 70 | 1993年7月2日 | 科学技术进步法 | 27 | 安徽省；福建省；甘肃省；广东省；广西壮族自治区（2）；贵州省；海南省；河北省；黑龙江省；湖北省；湖南省；江苏省；辽宁省；内蒙古自治区；宁夏回族自治区；青海省；山东省；山西省；陕西省；上海市；四川省；天津市；西藏自治区；新疆维吾尔自治区；云南省；浙江省 |

续表

| 序号 | 日期 | 法律法规 | 总计 | 各省、自治区、直辖市实施性立法情况（括号内数字为超过1件的具体数量） |
|---|---|---|---|---|
| 71 | 2002年6月29日 | 科学技术普及法 | 22 | 安徽省；北京市；福建省；甘肃省；广西壮族自治区；贵州省；河北省；河南省；黑龙江省；湖北省；湖南省；江西省；内蒙古自治区；宁夏回族自治区；青海省；山东省；山西省；四川省；西藏自治区；新疆维吾尔自治区；云南省；重庆市 |
| 72 | 1986年3月19日 | 矿产资源法 | 1 | 山东省 |
| 73 | 1992年11月7日 | 矿山安全法 | 15 | 安徽省；北京市；福建省；广东省；河北省；湖北省；湖南省；吉林省；江西省；内蒙古自治区；宁夏回族自治区；山东省；陕西省；四川省；新疆维吾尔自治区 |
| 74 | 2007年6月29日 | 劳动合同法 | 7 | 安徽省；吉林省；江苏省；宁夏回族自治区；山东省；山西省；上海市 |
| 75 | 2007年12月29日 | 劳动争议调解仲裁法 | 1 | 浙江省 |
| 76 | 1996年8月29日 | 老年人权益保障法 | 26 | 安徽省；北京市；甘肃省；广东省；海南省；黑龙江省；湖北省；湖南省（2）；吉林省；江苏省；江西省；辽宁省；内蒙古自治区；青海省；山东省；山西省；陕西省（2）；上海市；天津市；西藏自治区；云南省（2）；浙江省；重庆市 |
| 77 | 2000年3月15日 | 立法法 | 107 | 安徽省（3）；北京市（2）；福建省（3）；甘肃省（5）；广东省；广西壮族自治区（3）；贵州省（3）；海南省（4）；河北省（5）；河南省（2）；黑龙江省（3）；湖北省（2）；湖南省（4）；吉林省（6）；江苏省（3）；江西省（3）；辽宁省（2）；内蒙古自治区（2）；宁夏回族自治区（6）；青海省（5）；山东省（4）；山西省（3）；陕西省（3）；上海市；四川省（3）；天津市；西藏自治区（2）；新疆维吾尔自治区（5）；云南省（4）；浙江省（3）；重庆市 |

续表

| 序号 | 日期 | 法律法规 | 总计 | 各省、自治区、直辖市实施性立法情况（括号内数字为超过1件的具体数量） |
|---|---|---|---|---|
| 78 | 2013年4月25日 | 旅游法 | 34 | 安徽省；北京市；福建省；甘肃省；广东省；广西壮族自治区；贵州省；海南省；河北省；河南省；黑龙江省；湖北省（2）；湖南省；吉林省（2）；江苏省；江西省；辽宁省；内蒙古自治区；宁夏回族自治区；青海省；山东省；山西省（2）；陕西省；四川省；天津市；西藏自治区；新疆维吾尔自治区（2）；云南省；浙江省；重庆市 |
| 79 | 1996年5月15日 | 律师法 | 2 | 安徽省；山西省； |
| 80 | 1996年8月29日 | 煤炭法 | 7 | 河南省；江西省；宁夏回族自治区；山东省；山西省；新疆维吾尔自治区（2） |
| 81 | 2002年12月28日 | 民办教育促进法 | 13 | 北京市；广东省；贵州省；黑龙江省；湖南省；吉林省；江西省；辽宁省；内蒙古自治区；山西省；陕西省；四川省；天津市 |
| 82 | 1984年5月31日 | 民族区域自治法 | 16 | 甘肃省；广东省；贵州省（2）；海南省；河北省；黑龙江省；湖南省（3）；辽宁省；新疆维吾尔自治区；云南省（3）；重庆市 |
| 83 | 1994年10月27日 | 母婴保健法 | 14 | 安徽省；北京市；福建省；甘肃省；海南省；湖北省；湖南省；江苏省；江西省；内蒙古自治区；青海省；陕西省；天津市；重庆市 |
| 84 | 2006年4月29日 | 农产品质量安全法 | 11 | 安徽省；甘肃省；贵州省；海南省；河南省；湖北省；江苏省；宁夏回族自治区；山东省；山西省；新疆维吾尔自治区 |
| 85 | 2002年8月29日 | 农村土地承包法 | 15 | 安徽省；福建省；海南省；湖南省；江西省；辽宁省；内蒙古自治区；青海省；山东省；山西省；陕西省；四川省；云南省；浙江省；重庆市 |

续表

| 序号 | 日期 | 法律法规 | 总计 | 各省、自治区、直辖市实施性立法情况（括号内数字为超过1件的具体数量） |
|---|---|---|---|---|
| 86 | 2006年10月31日 | 农民专业合作社法 | 17 | 安徽省；北京市；福建省；黑龙江省；湖北省；湖南省；江苏省；江西省；辽宁省；山东省；山西省；陕西省；四川省；天津市；新疆维吾尔自治区；浙江省；重庆市 |
| 87 | 1993年7月2日 | 农业法 | 2 | 辽宁省；陕西省 |
| 88 | 2004年6月25日 | 农业机械化促进法 | 8 | 安徽省；北京市；河南省；湖北省；辽宁省；宁夏回族自治区；山东省；浙江省 |
| 89 | 1993年7月2日 | 农业技术推广法 | 20 | 北京市；福建省；广东省；贵州省；河北省；黑龙江省；湖北省；湖南省；吉林省；江西省；内蒙古自治区；青海省；山东省；山西省；上海市；四川省；天津市；云南省；浙江省；重庆市 |
| 90 | 1999年10月31日 | 气象法 | 41 | 安徽省（2）；北京市；福建省；甘肃省（2）；广东省；广西壮族自治区；贵州省；海南省（2）；河北省（2）；河南省；黑龙江（2）；湖北省（2）；湖南省；吉林省（2）；江苏省；江西省；内蒙古自治区（2）；宁夏回族自治区（2）；青海省（2）；山东省；山西省；陕西省（2）；上海市；四川省（2）；天津市（2）；云南省；浙江省；重庆市 |
| 91 | 2002年6月29日 | 清洁生产促进法 | 3 | 山东省；天津市；云南省 |
| 92 | 1992年4月3日 | 全国人民代表大会和地方各级人民代表大会代表法 | 20 | 北京市；广东省；广西壮族自治区；贵州省（2）；河北省；湖北省；湖南省；吉林省；江西省；内蒙古自治区；青海省；山东省；山西省；陕西省；上海市；天津市；西藏自治区；云南省；浙江省 |

续表

| 序号 | 日期 | 法律法规 | 总计 | 各省、自治区、直辖市实施性立法情况（括号内数字为超过1件的具体数量） |
|---|---|---|---|---|
| 93 | 1979年7月4日 | 全国人民代表大会和地方各级人民代表大会选举法 | 16 | 北京市；广西壮族自治区；贵州省；湖北省；江西省；青海省；山西省；陕西省；上海市；四川省；天津市（2）；西藏自治区；新疆维吾尔自治区；云南省；浙江省 |
| 94 | 1988年4月13日 | 全民所有制企业法 | 2 | 安徽省；内蒙古自治区 |
| 95 | 1996年10月29日 | 人民防空法 | 16 | 甘肃省；广西壮族自治区；河北省；黑龙江省；湖北省；湖南省；吉林省；江西省；辽宁省；内蒙古自治区；青海省；山东省；山西省；新疆维吾尔自治区；云南省；浙江省 |
| 96 | 1954年9月21日 | 人民检察院组织法 | 5 | 吉林省（2）；贵州省；甘肃省；辽宁省 |
| 97 | 2010年8月28日 | 人民调解法 | 1 | 广东省 |
| 98 | 1984年9月20日 | 森林法 | 9 | 安徽省；河北省；黑龙江省；辽宁省；内蒙古自治区；山西省；天津市；西藏自治区；新疆维吾尔自治区 |
| 99 | 2001年10月27日 | 商标法 | 9 | 安徽省；甘肃省；河北省；湖北省；吉林省（2）；四川省；浙江省；重庆市 |
| 100 | 1999年1月14日 | 社会保险费征缴暂行条例（行政法规） | 1 | 上海市 |
| 101 | 1994年8月31日 | 审计法 | 41 | 安徽省（2）；北京市（2）；广东省；广西壮族自治区；贵州省（2）；海南省；河北省（2）；河南省；黑龙江省（2）；湖北省；湖南省；江苏省（2）；江西省；内蒙古自治区（2）；宁夏回族自治区（3）；青海省；山东省（3）；山西省；陕西省（2）；上海市；四川省（3）；天津市；新疆维吾尔自治区；云南省；浙江省；重庆市（2） |

续表

| 序号 | 日期 | 法律法规 | 总计 | 各省、自治区、直辖市实施性立法情况（括号内数字为超过 1 件的具体数量） |
|---|---|---|---|---|
| 102 | 2009 年 2 月 28 日 | 食品安全法 | 7 | 北京市；广东省（2）；贵州省；黑龙江省；上海市；浙江省 |
| 103 | 2002 年 8 月 29 日 | 水法 | 23 | 安徽省；北京市；福建省；甘肃省；广东省；广西壮族自治区；河北省；河南省；黑龙江省；湖北省；湖南省；吉林省；辽宁省；宁夏回族自治区；青海省；山东省；陕西省；上海市；四川省；天津市；西藏自治区；新疆维吾尔自治区；云南省 |
| 104 | 1991 年 6 月 29 日 | 水土保持法 | 18 | 安徽省；广西壮族自治区；海南省；河北省；河南省；黑龙江省；湖北省；湖南省；江西省；宁夏回族自治区；青海省；山东省；山西省；四川省；天津市；西藏自治区；新疆维吾尔自治区；重庆市 |
| 105 | 1984 年 5 月 11 日 | 水污染防治法 | 24 | 北京市；河北省；河南省（2）；黑龙江省；湖北省（2）；吉林省；江苏省（3）；辽宁省；内蒙古自治区（2）；青海省；山东省（3）；山西省（2）；陕西省；天津市；浙江省；重庆市 |
| 106 | 1994 年 3 月 5 日 | 台湾同胞投资保护法 | 7 | 福建省；广西壮族自治区；黑龙江省；湖北省；湖南省；江西省；天津市 |
| 107 | 2013 年 6 月 29 日 | 特种设备安全法 | 9 | 广东省；黑龙江省；江苏省；江西省；内蒙古自治区；山东省（2）；陕西省；浙江省 |
| 108 | 1995 年 8 月 29 日 | 体育法 | 5 | 安徽省；甘肃省；辽宁省；内蒙古自治区；浙江省 |
| 109 | 1990 年 9 月 7 日 | 铁路法 | 3 | 河北省；河南省；吉林省 |

续表

| 序号 | 日期 | 法律法规 | 总计 | 各省、自治区、直辖市实施性立法情况（括号内数字为超过1件的具体数量） |
|---|---|---|---|---|
| 110 | 1983年12月8日 | 统计法 | 21 | 北京市；福建省；甘肃省；贵州省；海南省；河北省；河南省；湖南省；吉林省；江苏省；辽宁省；山东省；陕西省；上海市；四川省；天津市；西藏自治区；新疆维吾尔自治区；云南省；浙江省；重庆市 |
| 111 | 2007年8月30日 | 突发事件应对法 | 18 | 安徽省；北京市；甘肃省；广东省；广西壮族自治区；河北省；湖南省；江西省；辽宁省；宁夏回族自治区；山东省；山西省；陕西省；上海市；天津市；新疆维吾尔自治区；云南省；重庆市 |
| 112 | 1986年6月25日 | 土地管理法 | 28 | 安徽省；北京市；福建省；广东省（2）；广西壮族自治区；贵州省；黑龙江省；湖北省；湖南省；吉林省；江西省（2）；辽宁省（2）；内蒙古自治区；宁夏回族自治区；山东省；陕西省；上海市；四川省（3）；天津市；西藏自治区；新疆维吾尔自治区；云南省；浙江省 |
| 113 | 2002年12月6日 | 退耕还林条例（行政法规） | 1 | 重庆市 |
| 114 | 1991年9月4日 | 未成年人保护法 | 30 | 安徽省；北京市；福建省；甘肃省；广东省；广西壮族自治区；贵州省；海南省；河北省；河南省；黑龙江省；湖北省；湖南省；吉林省；江苏省；江西省；辽宁省；内蒙古自治区；宁夏回族自治区；青海省；山东省；山西省；陕西省；四川省；天津市；西藏自治区；新疆维吾尔自治区；云南省；浙江省；重庆市 |

续表

| 序号 | 日期 | 法律法规 | 总计 | 各省、自治区、直辖市实施性立法情况（括号内数字为超过1件的具体数量） |
|---|---|---|---|---|
| 115 | 1982年11月19日 | 文物保护法 | 29 | 安徽省；北京市；福建省；甘肃省；广东省；广西壮族自治区；贵州省；河北省；河南省；湖北省；湖南省；吉林省（2）；江苏省；江西省；辽宁省；内蒙古自治区；宁夏回族自治区；青海省；山东省；山西省；陕西省（2）；上海市；天津市；新疆维吾尔自治区；云南省；浙江省；重庆市 |
| 116 | 1997年12月29日 | 献血法 | 25 | 安徽省；福建省；广西壮族自治区；贵州省；河北省；河南省；黑龙江省；湖北省；湖南省；吉林省（3）；江西省；辽宁省；内蒙古自治区；山东省；山西省；上海市；四川省；天津市（2）；西藏自治区；新疆维吾尔自治区；浙江省；重庆市 |
| 117 | 1996年10月29日 | 乡镇企业法 | 9 | 贵州省；河南省；黑龙江省；湖北省；内蒙古自治区；四川省；天津市；新疆维吾尔自治区；重庆市 |
| 118 | 2008年10月28日 | 消防法 | 32 | 安徽省；北京市；福建省；甘肃省；广东省；广西壮族自治区；贵州省；海南省；河北省（2）；黑龙江省；湖北省；湖南省；吉林省；江苏省；江西省；辽宁省；内蒙古自治区；宁夏回族自治区；青海省；山东省；山西省；陕西省；上海市；四川省（2）；天津市；西藏自治区；新疆维吾尔自治区；云南省；浙江省（2） |
| 119 | 1993年10月31日 | 消费者权益保护法 | 32 | 安徽省；福建省（2）；甘肃省；广西壮族自治区；贵州省；海南省；河北省；河南省；黑龙江省（2）；湖北省；湖南省；吉林省（2）；江苏省；江西省；辽宁省；内蒙古自治区；宁夏回族自治区；青海省；山东省；山西省；上海市；四川省；天津市；西藏自治区；新疆维吾尔自治区（2）；云南省；浙江省；重庆市 |

续表

| 序号 | 日期 | 法律法规 | 总计 | 各省、自治区、直辖市实施性立法情况（括号内数字为超过1件的具体数量） |
|---|---|---|---|---|
| 120 | 1979年7月1日 | 刑事诉讼法 | 6 | 贵州省；新疆维吾尔自治区；辽宁省；河南省；北京市；广东省 |
| 121 | 2008年8月29日 | 循环经济促进法 | 6 | 甘肃省；广东省（2）；江苏省；山西省；陕西省 |
| 122 | 1991年6月29日 | 烟草专卖法 | 8 | 安徽省；甘肃省；广西壮族自治区；河南省；湖北省；吉林省；江西省；重庆市 |
| 123 | 1984年9月20日 | 药品管理法 | 2 | 湖北省；内蒙古自治区 |
| 124 | 1988年11月8日 | 野生动物保护法 | 28 | 安徽省；福建省（2）；甘肃省；广东省；广西壮族自治区（3）；海南省；河北省；黑龙江省；湖北省；吉林省（2）；江苏省；江西省；辽宁省；内蒙古自治区；宁夏回族自治区；青海省；山东省（2）；陕西省；上海市；四川省；天津市；云南省；重庆市 |
| 125 | 1986年4月12日 | 义务教育法 | 34 | 安徽省（2）；北京市；福建省（2）；甘肃省；广东省；广西壮族自治区；贵州省；海南省；河北省；河南省；湖北省；湖南省；吉林省（2）；江苏省（2）；江西省；辽宁省；内蒙古自治区（2）；山东省；山西省；陕西省；上海市；四川省；天津市；西藏自治区；新疆维吾尔自治区（2）；云南省；浙江省；重庆市 |
| 126 | 1986年12月2日 | 邮政法 | 27 | 安徽省；北京市；福建省；甘肃省；广西壮族自治区；贵州省；河北省；河南省；黑龙江省；湖北省；湖南省；吉林省；江苏省；江西省；辽宁省；内蒙古自治区；宁夏回族自治区；青海省；山东省；山西省；陕西省；上海市；四川省；西藏自治区；新疆维吾尔自治区；云南省；重庆市 |

续表

| 序号 | 日期 | 法律法规 | 总计 | 各省、自治区、直辖市实施性立法情况（括号内数字为超过1件的具体数量） |
|---|---|---|---|---|
| 127 | 1986年1月20日 | 渔业法 | 24 | 安徽省；北京市；福建省；甘肃省；广东省；广西壮族自治区；贵州省；河北省；河南省；湖北省；湖南省；吉林省；江苏省；辽宁省（2）；宁夏回族自治区；山东省（2）；陕西省；西藏自治区；新疆维吾尔自治区（2）；云南省；重庆市 |
| 128 | 1999年6月28日 | 预防未成年人犯罪法 | 8 | 安徽省；广东省；湖南省；宁夏回族自治区；陕西省；天津市；西藏自治区；云南省 |
| 129 | 1994年3月22日 | 预算法 | 49 | 安徽省（2）；北京市（3）；福建省（2）；甘肃省；广东省（2）；广西壮族自治区（2）；贵州省；河北省；河南省；黑龙江省（2）；湖北省（3）；湖南省（3）；吉林省（2）；江苏省；江西省（3）；辽宁省；内蒙古自治区；宁夏回族自治区；青海省；山东省（3）；山西省；陕西省；上海市；四川省；天津市（2）；西藏自治区；云南省；浙江省（3）；重庆市（2） |
| 130 | 1996年10月29日 | 噪声污染防治法 | 3 | 湖北省；江苏省；山东省 |
| 131 | 1999年8月30日 | 招标投标法 | 27 | 安徽省；北京市；福建省；甘肃省；广东省；广西壮族自治区；贵州省；河北省；河南省；湖北省；湖南省；江苏省；江西省；辽宁省；内蒙古自治区（2）；青海省；山东省；山西省；陕西省；四川省；天津市；云南省（2）；浙江省；重庆市（2） |
| 132 | 2002年6月29日 | 政府采购法 | 2 | 海南省；云南省 |
| 133 | 2001年10月27日 | 职业病防治法 | 3 | 福建省；山东省；云南省 |

续表

| 序号 | 日期 | 法律法规 | 总计 | 各省、自治区、直辖市实施性立法情况（括号内数字为超过1件的具体数量） |
| --- | --- | --- | --- | --- |
| 134 | 1996年5月15日 | 职业教育法 | 19 | 安徽省；北京市；福建省；甘肃省；广西壮族自治区；贵州省；海南省；河北省；湖北省；湖南省；吉林省；辽宁省；内蒙古自治区；山东省；山西省；上海市；天津市；西藏自治区；重庆市 |
| 135 | 1983年1月3日 | 植物检疫条例（行政法规） | 1 | 河南省 |
| 136 | 2005年8月28日 | 治安管理处罚法 | 8 | 安徽省；福建省；广西壮族自治区；海南省；河北省；黑龙江省；天津市；浙江省 |
| 137 | 2002年6月29日 | 中小企业促进法 | 15 | 安徽省；贵州省；河北省；河南省；湖北省；湖南省；江西省；青海省；山东省；山西省；陕西省；四川省；新疆维吾尔自治区；云南省；重庆市 |
| 138 | 2000年7月8日 | 种子法 | 33 | 安徽省；北京市；福建省；甘肃省；广东省；广西壮族自治区；贵州省；河南省；黑龙江省（2）；湖北省；湖南省；吉林省（2）；江苏省；江西省（2）；辽宁省（2）；内蒙古自治区（2）；山东省（2）；山西省（2）；陕西省；四川省（2）；天津市；西藏自治区；云南省（2）；重庆市 |
| 139 | 1984年3月12日 | 专利法 | 27 | 安徽省；北京市；福建省；甘肃省；广东省；广西壮族自治区；贵州省；河北省；河南省；黑龙江省；湖北省；湖南省；江苏省；江西省；辽宁省；宁夏回族自治区；青海省；山东省；山西省；陕西省；上海市；四川省；天津市；新疆维吾尔自治区（2）；云南省；浙江省 |
| 140 | 1954年9月21日 | 人民法院组织法 | 1 | 吉林省 |

### （三）数据分析的几点结论

地方实施性立法既是对上位法中原则性规定的具体化，具有保障中央立法贯彻实施的功能；又是地方根据本地区的实际情况，对涉及本地区经济、社会、文化等重要事项制定有针对性的规定，具有保障地方自主发展的功能。实施性地方立法兼具从属性和自主性的双重特性，在推进我国法治建设进程中具有承上启下的功能。上文及图表数据显示，一方面，近些年来省级地方实施性立法在立法数量和立法质量上都有了较大的改善，在国家法治建设和地方法治建设进程中发挥了重要的作用；另一方面，省级地方实施性立法也存在亟待加强和完善的薄弱之处。

第一，31 个省、自治区、直辖市对现行有效的 253 部法律的配套性立法和实施性立法覆盖面比较小，在任何一个省级地方都有 2/3 以上的现行有效法律尚没有制定实施性细则。即便是在实施性立法成效最为突出的山东省，其共制定 109 件实施性立法（占该省地方性法规立法数量的 49.55%），共对 83 部现行有效法律制定了执行性或配套性立法，占253部现行有效法律的32.81%，其实施性立法的绝对数量和占比都位居第一，但是对现行有效法律制定实施性细则的比例仍然不足1/3。

第二，现行有效的253件法律中仅141件法律有省级地方性法规进行了实施性立法，占比55.73%，其中：(1）有50件以上省级实施性立法的现行有效法律3部，即《公路法》，57件；《环境保护法》，93件；《立法法》，107件；(2）有40—50件实施性立法的法律4部，即《预算法》，49件；《工会法》《气象法》《审计法》，各41件；(3）有30—40件实施性立法的法律12部，即《安全生产法》《残疾人保障法》《测绘法》《村民委员会组织法》《防震减灾法》《节约能源法》《旅游法》《未成年人保护法》《消防法》《消费者权益保护法》《义务教育法》《种子法》；(4）有20—30件实施性立法的法律30部，即《城市居民委员会组织法》《城乡规划法》《促进科技成果转化法》《档案法》《道路交通安全法》《动物防疫法》《妇女权益保障法》《各级人民代表大会常务委员会监督法》《国防教育法》《国家通用语言文字法》《红十字会法》《集会游行示威法》《价格法》《就业促进法》《科学技术进步法》《科学技术普及法》《老年人权益保障法》《农业技术推广法》《全国人民代表大会和地方各级人民代表大会代表法》《水法》《水污染防治法》《统计法》《土地管理法》《文物保护法》《献血法》《野生动物保护法》《邮政法》《渔业法》《招标投标法》《专利法》；（5）有10—20件实施性立法的法律30部，即《保险法》《社会保险法》《标准化法》《草原法》《大气污染防治法》《电力法》《反不正当竞争法》《防洪法》《港口法》《广告法》《归侨侨眷权益保护法》《行政许可法》《会计法》《计划生育法》《计量法》《教师法》《禁毒法》《矿山安全法》《民办教育促进法》《民族区域自治法》《母婴保健法》《农产品质量安全法》《农村土地承包法》《农民专业合作社法》《全国人民代表大会和地方各级人民代表大会选举法》《人民防空法》《水土保持法》《突发事件应对法》《职业教育法》《中小企业促进法》；（6）有10件以下实施性立法的法律有62部。综上，253件现行有效的法律中，有10个以上省级地方制定了实施性立法的法律仅79

件，占比31.23%，即只有接近1/3的法律有1/3的省级地方制定了实施性立法，可见法律在省级地方立法中的贯彻落实还有待加强。

第三，法律实施性、配套性立法不平衡。根据数据分析，在省级地方立法中贯彻实施较好的法律有：（1）《立法法》的省级地方实施性立法已经覆盖到了全部的31个省级地方；（2）有30个省级地方实施性立法的法律5件：《测绘法》（无山西省）、《环境保护法》（无北京市）、《节约能源法》（无西藏自治区）、《旅游法》（无上海市）、《未成年人保护法》（无上海市）；（3）有29个省级地方实施性立法的法律7件：《安全生产法》（无海南省、青海省）、《残疾人保障法》（无海南省、湖南省）、《村民委员会组织法》（无海南省、辽宁省）、《防震减灾法》（无海南省、江西省）、《妇女权益保障法》（无江苏省、上海市）、《消防法》（无河南省、重庆市）、《预算法》（无海南省、新疆维吾尔自治区）；（4）有28个省级地方实施性立法的法律6件：《城乡规划法》（无天津市、新疆维吾尔自治区、重庆市）、《公路法》（无河北省、青海省、西藏自治区）、《红十字会法》（无河南省、青海省、西藏自治区)、《气象法》(无辽宁省、西藏自治区、新疆维吾尔自治区)、《消费者权益保护法》(无北京市、广东省、陕西省)、《义务教育法》(无黑龙江省、宁夏回族自治区、青海省);(5)有27个省级地方实施性立法的法律2件:《文物保护法》(无海南省、黑龙江省、四川省、西藏自治区)、《邮政法》(无广东省、海南省、天津市、浙江省);(6)有26个省级地方实施性立法的法律4件:《工会法》(无甘肃省、辽宁省、四川省、西藏自治区、重庆市)、《科学技术进步法》(无北京市、河南省、吉林省、江西省、重庆市)、《审计法》(无福建省、甘肃省、吉林省、辽宁省、西藏自治区)、《专利法》(无海南省、吉林省、内蒙古自治区、西藏自治区、重庆市)。可见,有相当一部分法律得到了省级地方立法的落实,其中最多的《立法法》有107件省级地方实施性立法,对31个省级地方实现了全覆盖。但是,我们要同时关注到,还有110件现行法律目前尚无省级地方实施性立法,还有62件法律仅有不到10件省级地方实施性立法。

针对省级地方实施性立法的上述现状,为建立完备的社会主义法律体系、建设中国特色社会主义法治国家，就必须健全配套法规体系，使法律有比较体系化的配套立法和实施立法，使法律效力等级和内容相互衔接。

一般来说，适用法律是司法机关的职责，因此强调地方实施性立法在贯彻实施国家法律方面的重要作用是有时代语境和制度背景的。首先，我国法律的司法适用比较薄弱，有学者研究认为："在已制定的四百个法律中，司法机关经常据以办案的法律只有三十几个。适用法律比较多一些的法院，所适用的法律一般也不超过五十个。……也就是说，迄今为止，中国的法律，80%左右未能进入诉讼领域。"① 虽然，近年来法律的司法适用有所加强，但依然没有改变大部分法律未能真正进入诉讼领域的局面。其次，在改革开放后的社会主义法制恢复和建设时期，一方面，为了解决"有法可依"的首要任务，从1979年开始立法进入快速发展期，此后我们用了30余年的时间基本形成了中国特色社会主义法律体系；另一方面，由于经济高速发展，社会深刻转型，使

① 周旺生：《论法之难行之源》，《法制与社会发展》2003年第3期。

得法律在制定时往往是遵循宜粗不宜细的原则，成熟一条规定一条，没有成熟就暂不规定。由此，法律制定呈现出几个方面的特点：立法数量加速增长、立法速度快、立法修改频繁、立法内容比较抽象和原则。因此，很多法律的贯彻实施包含了对实施性地方立法的内在需求，其中最为典型的是，为了维护法律的稳定性和权威性，有些量化标准、具体程序等不宜在法律中做出具体规定的，就需要实施性立法来予以具体化、明确化。再次，在单一制的国家结构形式下，在中央统一领导下，各个地方发展不平衡，历史、地理、文化差异以及人口结构、产业结构的不同，都形成了较大的地域差异，使得很多事项法律只能做出原则性规定，各个地方需要根据本行政区域的实际情况做出执行性规定。最后，在“统一、分层次”的立法制度中，省级地方立法处于上通下达的中间环节，既要根据具体情况做出地方性的规定，又要保障中央立法在本行政区域的贯彻实施。

健全配套法规体系，加强省级地方实施性立法还应区分两种不同的立法情形：一是法律有明确授权的情况，即法律规定就某一部法律制定实施细则或就某一部法律的某一项内容制定配套实施的办法，被授权的机关应在法律生效施行时，同步或尽快出台实施性法规，这是被授权机关的法定职责，若不作为将影响国家法律的贯彻实施。如根据《立法法》第七十七条的规定，“地方性法规案、自治条例和单行条例案的提出、审议和表决程序，根据中华人民共和国地方各级人民代表大会和地方各级人民政府组织法，参照本法第二章第二节、第三节、第五节的规定，由本级人民代表大会规定”。有地方立法权的省（区）、市应根据《立法法》的授权和要求，制定地方立法的程序规范，并按照法定的程序制定地方性法规。由前文中的数据可见，31 个省级地方都制定了《立法法》的实施性立法。据此，设区的市被赋予地方立法权后，也应该首先制定本地方的地方性法规制定程序规范，然后再按照规定的程序制定地方性法规。

二是在法律没有明确授权和要求时，为保障该法律在本行政区域内的贯彻实施，地方立法机关在不超越地方立法权限范围的前提下，即在遵循“不抵触”上位法的立法原则下，可以根据本地区的实际情况制定实施性立法。制定这类实施性立法可以视为地方立法机关的自主性权力，而非法定义务，这类实施性立法除了对上位法作具体化的实施性规定外，也可以包含创制性的规定，体现了地方实施性立法兼具从属性和自主性的双重特性。

# 第四章　加强省级地方立法的几点建议

近年来，各省级地方人大及其常委会为保障立法的科学性、民主性，提高立法质量，不断创新立法工作体制机制，如创新立法论证制度，规范立法论证程序；创新法规起草工作机制，完善委托起草和人大、政府、专家学者等各方联合起草的方式；创新公众参与立法方式，完善立法听证制度；有效发挥人大代表、专家学者在立法中的作用；创新法规规章清理常态化机制，建立健全立法后评估制度等。在科学民主的立法机制下，各个省级地方制定了大量的实施性立法和自主性立法（含先行性立法），为地方经济社会的转型与发展提供了有力的法制保障，也为国家法治建设和地方法治建设做出了重要贡献。与此同时，省级地方立法实践中也暴露出一些有待改善的问题，需要认证研究，审慎改进。

## 一 进一步明晰各立法主体的立法权限

按照《宪法》《地方组织法》和《立法法》所确立的“统一、分层次”的立法体制，一方面，国家法律应该为地方立法预留合理空间，允许地方根据本区域的实际和特色，发挥地方主动性，进行自主性、先行性立法；另一方面，国务院和地方政府也可以依据上位法制定行政立法。与此对应，在立法实践中，由于立法上“地方性事务”范围的法律界定仍然缺位，中央事务与地方性事务缺乏明确的区分；又由于如上文所述的，法律、地方性法规和政府规章的法律效力和包括审批、备案在内的立法程序的不同，地方政府规章和人大及其常委会的决议、决定往往在地方性法规空位时，作为代替地方性法规的治理手段，使得人大、人大常委会及政府的立法权限划分也模糊不清。

1. **中央与地方立法权划分**

以广东省地方立法为例，按照《宪法》和《立法法》的规定，国家允许地方根据本区域的实际和特色，进行自主性立法；同时，2008 年 12 月国务院审议通过《珠江三角洲地区改革发展规划纲要》，授权广东省“科学发展，先行先试”，因此广东省对非专属性的中央立法事项在授权范围内享有先行先试的立法权。依照法律的规定和国务院的授权，广东省的地方自主性立法和先行性立法便有了合法性根据。但是，由于《立法法》和国务院的授权规定都很抽象，没有明确的立法事项、立法权限划分原则、标准、依据、程序等的规定，因此在立法实践中，什么立法可以突破国家法律的界限实现自主性、先行性立法，什么立法不能突破，都由地方立法主体摸索和把握，于是，一方面有些自主性、先行性立法超越了地方立法权限，与国家法律原则、精神或法律条文相抵触，折损了法律的权威；另一方面有些立法基于国家立法的严格限制，不能做出适合本地区实际情况的变通，因此立法实施的效果不好，或者难于实现立法的目的。例如《行政处罚法》存在不合理规定，将地方立法对处罚行为、处罚种类方面的权力压缩得几乎没有空间，无法根据各地经济社会发展的实际情况和具体差异制定地方法规，法规的针对性和可操作性也无从谈起，只能照抄照搬上位法。如《广州市历史文化名城保护条例》按照国家行政法规规定的最高罚款20万元设置行政处罚，但是由于广州地区经济发达，相比于保护历史文化建设的成本而言，20万元的行政罚款成本更低，很多广州的开发商选择交20万元的罚款拆除受保护的历史文化建筑，如此，条例的立法目的就无法实现。据此，建议进一步厘清、明细中央立法与地方立法的权力界限，明确“地方性事务”的范围，同时全国人大和国务院的立法授权也应按照授权立法的法理要求，明确授权的权限、界限和期限。建议全国人大常委会修改《行政处罚法》《行政许可法》等一批重要法律法规，尤其是在处罚行为的种类和处罚幅度上为地方立法预留一定的合理的空间，允许地方在一定范围内先行先试，改革创新，使地方立法能够结合本地实际、突出地方特色，产生良好的实施效果，从而在中国特色社会主义法律体系中更好地发挥补充性作用。

### 2. 地方人大与人大常委会立法权划分

国家立法层面并未就地方人民代表大会和常委会制定法规的权限、地方政府制定规章的权限做出明确规定。以深圳市的情况为例：

首先，深圳市人大与深圳市人大常委会立法权限划分不清晰。《宪法》《地方组织法》和1992年全国人大授予深圳特区立法权有关决定都没有明确深圳市人大和深圳市人大常委会立法权限。《立法法》第七十六条规定“本行政区域特别重大事项的地方性法规，应当由人民代表大会通过”。但“特别重大事项”的规定并不明确。从深圳市人大20多年的立法情况看，由市人代会制定的法规有7项。考察这7项立法可见，市人代会和市人大常委会的立法权限比较含混：一是同类性质的法规，有的是人代会通过，有的是常委会通过，立法权行使主体不一致；二是同一法规，做出立、改、废决定的主体不一致，如市人大制定的法规，由常委会废止了；三是部分重大法规由常委会通过。虽然《立法法》没有明确何为“特别重大事项”，但一般认为涉及民事、经济基本制度、涉及市民较大权益的立法事项，应当属于“特别重大事项”，由市人代会行使立法权较为合理。但从深圳立法现状看，关于保险、工资、劳动合同、国有资产管理、土地使用权出让等方面事关基本经济秩序和基本社会保障的法规都是由人大常委会通过的。

市人大与人大常委会的立法权限划分不明确，加之市人大一年开一次会议，会期也比较短，而常委会是常设机构，如此，人大的立法权自然就被弱化，立法地位虚置，许多属于人大的立法权实际上由常委会行使，由此一些法规的有效性便存在问题。为了明确人大和人大常委会之间的立法权限，2012 年深圳市人大出台《深圳市制定法规条例》，其中第八条规定：“下列事项应当由代表大会制定法规：（一）规定本市特别重大事项的；（二）规定代表大会和常务委员会立法程序的；（三）对代表大会的法定职责和议事程序作出具体规定的；（四）其他应当由代表大会制定法规的。”这是对区分市人大与市人大常委会立法权限的探索性规定，只是其中关于“本市特别重大事项”的规定与《立法法》一样，内涵和外延依然不清晰，建议各个有立法权的省市都应该进一步通过立法或有权解释明确“特别重大事项”的基本内涵和范围。

### 3. 人大及其常委会与政府立法权划分

按照《立法法》的规定，设区的市的人民政府应该是依据法律、行政法规和本省、自治区的地方性法规制定规章。实践中，由于人大及其常委会立法往往滞后于社会需求，而政府作为公共行政管理机关，从提供公共管理服务职责出发，必须对社会有关需求做出回应和规制，于是政府便在地方立法中占据了主动。以深圳市为例，政府立法除了涉及规范有关市人大及常委会运作的立法外，基本上涵盖了所有领域。然而，随着政府职能转变，政府与社会、市场的关系正经历着深刻的调整，在这样一个改革和过渡时期，什么事项政府的介入是必要的、什么事项政府应当尊重市场或者社会主体的自主意志慎重介入，目前并没有明确的法律依据。因此，明确人大及其常委会与政府立法的权限，特别是涉及政府出台产业扶持、行政性收费、住房限购、交通限行等方面的政策时，尤其要明确政府规章的立法权限，对涉及市场和民生的立法事项，应当由人大或人大常委会制定地方性法规，政府只能依据地方性法规制定执行性、配套性立法。

## 二 改进和完善立法工作机制

近年来，为增强地方立法的科学性和民主性，提高地方立法的质量，以广东省为代表的各个地方都积极创新地方立法体制机制，包括规范立法程序、扩大立法参与、推行立法论证和评估制度、协调改革与立法的关系、突出重点领域的立法、健全备案审查与法规清理制度，等等。这些举措使得地方立法更加民主、更符合实际需求、更规范合理、更有可操作性、更好地维护了法制统一，立法质量大幅提高。与此同时，我们也要注意，从立法程序和环节来看，立法工作机制还存在需要完善的领域和环节。

一是克服立法项目的部门利益倾向。由于人大及其常委会的立法资源有限，无力对列入立法计划的立法项目的必要性进行论证，只能主要依靠有关政府部门，因此在立法实践中，部门需求导向、政府议案占绝对主导地位的情况依然存在。目前，除极少数法规是由人大有关专委或者工委以主任会议提请审议外，绝大多数都是政府议案，约占整个法规议案的95%。笔者认为，虽然人大及其常委会无法掌握社会经济发展对立法的需求情况，与政府各部门相比，存在严重的信息不对称现象，也很难主动提起有关立法议案，只能被动审议和修改政府提起的法规议案。但是，人大及其常委会仍然应当充分利用立法前评估、立法咨询等制度，向社会购买服务，对政府提交审议的法案，委托第三方进行研究和评估，特别注重立法中的利益协调和利益平衡，克服和纠正立法中的部门利益倾向。

二是加强立法辩论和议决机制。在现有的立法审议程序中，不同界别、观点不同的常委会组成人员在分组审议立法时，对法案涉及的有关利益冲突，立法的必要性、可行性等问题，往往自由发言，论而不辩，法案中存在的一些问题不能在审议时充分解决，而是会后由有关委员会根据常委会组成人员发表的意见斟酌处理。此外，常委会的议决机制亦不规范，立法是否能进入一、二、三审，对重要问题的处理，主要由主任会议决定，而不是常委会，其做出的有关重要决定，能否代表常委会全体人员之多数值得商榷。建议充分发扬民主，进一步增强法规审议的透明度，规范法规审议的方式，增加立法辩论环节，不断提高法规审议的质量。

三是明确立法三次审议的内容。国外议会对议案“三读”程序均有明确的审议重点，后一读不得改变前一读认定的事实和做出的决定。以广东省为例，虽然广东省以及广州市、深圳市等都出台了规范法规制定程序的条例，对三次审议的内容也作了规定，但是在立法实践中，立法三次审议过程重点不明、互有重复的现象仍然存在，甚至出现第三次审议还在为立法的必要性和主要制度发表意见的情况，浪费了立法资源。为了使立法程序更加清晰而有效率，建议吸纳国外议会立法的经验，进一步明确立法一、二、三审的审议重点，避免重复审议。

四是征求意见的时间节点适当前移。如前所述，广东省、广州市人大在立法中，充分发扬民主，广泛征求公众意见，在立法民主建设方面，在全国率先探索了很多有效的制度，取得了很大的成就。特别是广州市人大常委会通过报纸、网站、论坛、微博等平台有效征集公众意见，通过编制立法信息汇编、发布公众参与指南等方式为人大常委会审议和公众参与立法提供服务和指引，其立法的科学性、民主性已经走在了全国的前列。但是，目前向公众征求立法意见，往往都是在立法草案基本成熟以后，此时的公众意见对立法的影响力已经受到了文本框架的较大局限。建议加大立法听证中的公众参与，对涉及民生和公民权益的立法必须举行立法听证，并建议在全国范围内推广广州网上立法听证的制度和经验，增强公众参与立法的实效性，进一步推进立法的民主性。

## 三　维护社会主义法制的统一

立法体制机制创新，极大地提升了立法的科学性和民主性，提高了立法的有效性和可实施性，但是从省级地方立法结果的大数据分析可见，维护社会主义法制统一，建设完备的社会主义法律体系，还有待省级地方立法更好地发挥作用。充分发挥省级地方立法在维护法制统一、完善法律体系方面的作用，从积极方面来看，就是要根据立法事权和地方实际，加强并协调好地方实施性立法、自主性立法和先行性立法的关系，既使得中央立法在地方得以有效实施，又使得地方自主性立法能有力推进和保障本行政区域的改革与发展，形成内容相互衔接的法律制度体系。

维护法制统一，从消极方面来看，就是省级地方立法机关要保障本省区域内的立法不得与中央立法和上位法相抵触，形成效力等级相互衔接的法律制度体系。根据《立法法》第七十二条第二款的规定，设区的市人民代表大会及其常务委员制定的地方性法规，须报省、自治区的人民代表大会常务委员会批准后施行。省、自治区的人民代表大会常务委员会对报请批准的地方性法规，应当对其合法性进行审查，同宪法、法律、行政法规和本省、自治区的地方性法规不抵触的，应当在四个月内予以批准。由此可见，在地方立法中，仅有《宪法》授权的省级地方立法机关享有完整的立法权，《立法法》一方面为适应地方治理的实际需要而扩大了地方立法权的主体范围，另一方面又遵循《宪法》关于立法权配置的规定，仅仅赋予了设区的市享有部分的地方立法权。虽然“批准后施行”所指向的市级地方立法的性质与效力在法理上尚有争论，《立法法》亦未明确省级地方性法规与市级地方性法规的法律效力等级关系，但是，由省级人大常委会对省内的市级地方性法规进行合法性审查仍然是保障法制统一的重要制度设计。

在中央立法、省级地方立法、市级地方立法这三级立法中，省级人大常委会承担着上下衔接的重要作用，是维护社会主义法制统一的关键环节。为此，省级人大常委会都设立了专门的法规备案审查室对报批的市级地方性法规进行合法性审查。如前文所述，以广东省为代表，为保障和维护法制的统一，各省人大常委会都积极创新和健全备案审查工作机制，也取得了一些实效。然而，2015 年 3 月，《立法法》修改将市级立法权主体从“较大的市”扩容为“设区的市”，目前随着大量的设区的市取得并开始行使立法权，应由省级人大常委会进行合法性审查、批准的市地方性法规可能出现井喷式增长。因此，亟须对省级人大常委会行使审批权的机构、人员、工作机制等予以调整，以加强省级人大常委会合法性审查的能力，维护法制的统一，同时也要从保护地方自治空间的角度，进一步明确合法性审查的依据、标准、程序、法律效力等内容，防止由地方自治权派生出来的立法权的层层缩减，从而阻碍地方活力的释放，限制地方的自主创新和发展。

## 四　有计划地推进实施性立法

实施性立法既能够检验上位法在地方立法中的贯彻情况，又可以考察地方自主发展和自治建设的情况，具有双重意义。省级地方实施性立法数据的双向比较分析发现，31 个省级地方制定实施性立法的情况和 253 件现行有效法律（不含宪法）在省级地方立法中的实施情况，从总体上看都还相当薄弱，这与法律比较抽象、原则的立法特点及法律要被地方具体化、配套化的实际需求存在很大的差距。

弥补这一差距需要加强省级地方的实施性立法。加强省级地方实施性立法不仅体现在立法数量的增加上，最为关键的是要提高立法质量，制定有效、有用的地方性法规，建立从中央立法到地方立法的完备法律法规体系。具体而言，提高立法质量，一是要创新和健全立法体制机制，加强和改进立法工作；二是要在省级地方实施性立法现状基础上，对应法律需要被具体化、地方化的实际需求，查漏补缺，形成上位法与下位法相互衔接的规范体系。因此，加强省级地方实施性立法不是盲目推进，而必须基于各个现行有效法律的实际需求和各省实施性立法的实际情况，有规划、按计划来立法。

省级实施性立法规划和立法计划应分为两个层面：一是中央层面。全国人大常委会应对现行法律需要国务院和地方予以实施性立法的情况进行分类，并出台一个指导性的意见，规定哪些法律应该制定实施性立法、哪些法律可以制定实施性立法、哪些法律鼓励制定实施性立法，同时对国务院和省级地方实施性立法情况进行全面的、专项的检查，以此来推进和保障法律的落地与实施。二是地方层面。各省（区）人大常委会要根据本行政区域内的地方立法现状，结合地方经济社会文化发展的立法需求和全国人大常委会关于地方实施性立法的要求，在自身立法力量和能力可以支持的范围内，首先要合理安排实施性立法与自主性立法、先行性立法的比例和进度，其次要分清轻重缓急，制定本区域实施性立法的中长期规划和年度计划，稳步、有效地加强实施性立法。

## 五　加强人大常委会的自身建设

人大作为立法机关，面对新时期越来越繁重的立法任务，人大机关自身建设必须适应时代发展要求，从发挥立法主导作用出发，建立和完善立法工作机制和领导机制。

第一，改革常委会会议制度。按照《人大组织法》和《地方组织法》有关规定，常委会会议一般为两个月召开一次，每次2—3天。由于常委会会议制度存在间隔周期较长、会议时间短、会议程序简单化等问题，常委会对有关立法项目无法做到及时和深入审议，特别是在立法项目专业性很强和数量较多的情况下。改革常委会会议制度，一是实行会议召开常态化，保证人大常委会随时可以履行职能，保证常委会组成人员有充分时间审议有关议题；二是实行常委会会议全体会议制度，保证有关审议意见充分交流碰撞；三是建立辩论和议决机制，对法规议案实行一般辩论和专项辩论，并对争议较大的问题进行议决，避免论而不辩和分歧久拖不决；四是实行审议过程公开化，借助媒体对常委会审议过程全程直播，将常委会组成人员出席和发表审议意见的情况向社会公开。

第二，提高常委会审议能力。常委会审议能力是保障立法质量的关键因素。提高常委会审议能力，一是探索根据职能分工调整机构设置。当前我国各级人大机构的设置，基本上是按照业务对口部门划分，并没有按照人大工作职能划分。立法职能散落于各有关委员会，一方面导致立法力量难以集中，另一方面也不利于立法的规范化。建议根据人大自身职能设立立法、预算审查、监督、重大事项、选举等委员会。二是建立审议能力保障制度。常委会审议的法规议题往往比较专业，数量也较多。常委会组成人员由于专业和精力所限，无法对法规议题发表深入的审议意见。常委会组成人员又没有辅助机构，为其行使审议权提供辅助意见和建议。为其配备的法律助理，也因为受时间不足、专业受限、经费有限等因素制约，其提供的法律意见的质量不尽如人意。

各专委、工委由于审议深度相对较深，常委会组成人员在信息不对称的前提下，无法提出有力的反对理由，实践中只要有关法规案通过相关专委、工委的审议并做出相应修改后，法规案基本可以顺利通过。因此，必须建立常委会组成人员审议能力保障制度，为其提供一定的财政资金，由其依照规定聘请专业团队提供技术支撑，提高常委会组成人员的审议能力。

第三，加强立法工作队伍建设。人大发挥立法主导作用的关键在于常委会的审议环节。提高常委会审议能力，则必须要加强立法工作队伍建设，使其有时间、有能力进行立法审议，切实提高审议能力。（1）实行人大常委会组成人员专业化、职业化改革。一是要实行专业化管理，立法工作人员需要具备法律专业技能，并接受立法业务的专项工作培训和实践。二是实行职业化改革，由于立法工作本身固有的专业性和稳定性，建立一支职业化立法队伍是必要的。同时，研究建立职业化晋升通道以达到吸引立法人才、留住立法人才的目的。（2）建立立法干部交流机制。即有必要在立法部门和执法部门之间建立双向干部交流机制，使立法工作和执法工作相得益彰。（3）建立立法业务工作的领导机制。人大立法主导作用的发挥，需要完善常委会领导统筹负责制，支持、协调和领导立法业务工作。（4）组织学习和调研，提高履职能力。在工作进程中、实践中，重视理论支撑，重视对重要工作的调研，是提高履职能力的重要保证。